― 신앙 학습 교재 ―

# 웨스트민스터 신앙고백서
## (합본, 지도자용)

추천 · 이근삼 · 정성구 박사

도서
출판 **영문**

\* 참 고 \*

### 웨스트민스터 신앙고백이 제정된 배경과 연대

1571년 엘리자베트 여왕이 즉위하면서 영국 교회가 사양길에 들어서게 되었고 그 대신 장로 교회가 영국의 대표적 교회로 군림해야 할 시대적 추세가 되자 영국 국회는 의결에 의하여 1643년 7월에 웨스트민스터 교회당에서 모인 회의(Westminster Assembly of Divines)에서 이 신조를 제정하였다.

이 회의에 참가한 사람들은 목사 121명, 귀족 10명, 국회 하원의원 20명으로 모두 151명이었는데 대부분 장로교회의 지도자들이었다.

이 회의에서 처음 신조를 제정할 때, 이미 영국교회가 사용하고 있는 신조를 수정하기도 하고 축조해 보기도 하다가 이를 중단하고 1615년 아일랜드 교회에서 제정하여 사용하고 있던 신조를 기초로 하여 새로운 신조를 제정하였는데 이것이 바로 웨스트민스터 신앙고백이 된 것이다.

이 신앙 고백의 특색은 고백적 형태라기보다 교회 헌법적인 특색을 지니고 있다. 또한 영국과 아일랜드의 청교도들이 심한 박해를 받으면서도 복음주의적 신앙을 지키고 교리적 통일성을 위하여 노력하며, 나아가서 유럽 대륙에 있는 개혁파 교회와의 연결을 맺기 위하여 애쓴 점에 있다. 그리고 이 신앙고백서는 칼빈주의자들이 중심이 되어 작성했기 때문에 자연히 그 성격에 있어서도 칼빈주의적 특색을 지니고 있지만, 역시 그 바탕은 성경을 근거로 이루어졌다.

어쨌든 이 신앙고백은 칼빈주의의 가장 완숙한 표현이며 개혁주의 신학의 집대성이라 할 수 있다.

## 추천의 말씀

### 믿고, 자랑하고, 전승시킬 교리

　웨스트민스터 신앙고백은, 이 시대가 아무리 원자 과학적 시대요 또 신학의 미래적 개발 시대라고 할지라도 계속적으로 신봉되고, 연구되어져야 한다.

　그 이유는, 저 신앙 고백은 과거 340여년간 세계 장로 교회의 기본적 신조가 되어 왔고, 한국 장로교회도 이 신앙고백을 기본적 교리 표준으로 삼아 왔기 때문이다. 그리고 이 신앙고백은 기독교 역사상 신학적 발전에 있어서 하나의 위대한 획기적인 시기를 이룩하고 있기 때문이다.

　더욱 기독교 교리사상으로 웨스트민스터 신앙고백의 위치는 신앙고백의 의미를 이해하는 것이 현대신학의 상황을 이해하는 데도 중요할 뿐만 아니라 신학적 성취에 있어서도 중요한 이정표가 되고 있는 것이다.

　이런 의미에서 오늘도 우리는 이 신앙고백을 믿고 자랑하고 또 후대에 전승시켜야 할 의무가 있는 것이다.

　이런 때에 이번 도서출판 영문에서 이 웨스트민스터 신앙고백서가 성경교리 교재로써 편집되어 나오게 된 것을 충심으로 환영하면서, 각 교회는 이 교재를 사용하여 신앙과 교리교육에 큰 성과를 얻기 바라면서 이에 추천하는 바이다.

고신대학교 총장 이근삼 박사

## 추천의 말씀

### 신앙생활에 알찬 수확을

 웨스트민스터 신앙고백서는 우리 장로교 신앙의 근간이 되고 있다. 우리 장로교회의 신학과 신앙은 이 고백서 위에 세워졌고, 그 안에서 자라 왔으며, 앞으로도 이 고백서에 의해서 훌륭한 결실을 맺게 될 것이다.
 그렇다면 성경에 의하여 작성된 이 신앙 고백서를 가지고 다시 성경 공부를 할 수 있도록 만들어진 이 교재야말로, 성경과 바른 교리를 함께 공부하고 싶어하는 사람들에게 얼마나 바람직한 교재이겠는가.

 요즘 각 교회의 청년·대학부와 평신도 그룹 사이에서 성경 연구의 열기가 일어나고 있으나 마땅한 교재가 없다는 소리가 높다. 차제에 이런 훌륭한 교재가 도서출판 영문으로부터 나오게 된 것을 무척 반갑게 여기는 바이다.

 바라기는 앞으로 각 교회의 성경연구 그룹들마다 이 교재를 널리 활용하여 우리의 신앙생활에 알찬 수확을 얻을 수 있기를 기대하면서 기쁜 마음으로 이 교재를 추천한다.

전 총신대학장
총신 신학대학원 정 성 구 박사

# 일 러 두 기

1. 이 교재는 웨스트민스터 신앙 고백서를 성경에 근거하여 체계적으로 공부할 수 있도록 하려는 데 역점을 두고 꾸며졌습니다.

2. 중요한 이해문제의 답안은 원칙적으로 본문에서 취하여 적도록 했습니다. 그러나 본문이해를 넓히기 위하여 참고되는 성경에서 취하여 써야 할 것도 있습니다.

3. 더욱 효과적인 공부를 위하여 가끔 창의적인 답안도 쓸 수 있도록 하였습니다.

4. 신앙고백서는 본문을 그대로 실었기 때문에 본문만 읽어가면 그대로 신앙고백서를 통독하는 셈이 됩니다.

5. 제34장의 '성령에 관하여'와 제35장 '하나님의 사랑과 선교에 관하여'는 1903년 당시 미국 북장로회가 이 신앙고백에 첨가하여 사용하였고 미국 남장로회에서는 이것을 그보다 먼저 1842년에 정식으로 받아들여 현재까지 사용하고 있음을 참고로 밝혀 둡니다.

6. 이 교재를 이용함에 있어 신학적으로나 교리적으로 꼭 알아두어야 할 사항은 해답 문답란 끝에 따로 참고란을 두었으며 매 장 마다에는 영문 제목도 삽입해 놓았습니다.

7. 중고등부, 대학 청년부, 일반부 등 어디서나 성경공부 시간에 이 교재를 활용하면 실제 신앙 생활에 적용될 수 있는 유익한 교리 교재가 될 것입니다.

8. 이 교재는 상하 2권으로 구성되어 있으며, 상권 학습 후에 하권을 공부하는 것이 유익하며 필요에 따라 따로 공부해도 무방합니다.

| | |
|---|---|
| 웨스트민스터 신앙고백이 제정된 배경과 연대 ……………… | 2 |
| 추천사 / 이근삼 …………………………………………… | 3 |
| 추천사 / 정성구 …………………………………………… | 4 |
| 일러두기 …………………………………………………… | 5 |
| 차례 ………………………………………………………… | 6 |
| 제 1 장  성경에 관하여 …………………………………… | 7 |
| 제 2 장  하나님과 삼위일체에 관하여 …………………… | 13 |
| 제 3 장  하나님의 영원하신 작정에 관하여 ……………… | 17 |
| 제 4 장  창조에 관하여 …………………………………… | 24 |
| 제 5 장  섭리에 관하여 …………………………………… | 28 |
| 제 6 장  사람의 타락과 죄와 형벌에 관하여 …………… | 34 |
| 제 7 장  사람과 맺은 하나님의 언약에 관하여 ………… | 39 |
| 제 8 장  중보자이신 그리스도에 관하여 ………………… | 45 |
| 제 9 장  자유의지에 관하여 ……………………………… | 52 |
| 제 10장  효과있는 부르심에 관하여 ……………………… | 56 |
| 제 11장  의롭다 하심에 관하여 …………………………… | 60 |
| 제 12장  양자에 관하여 …………………………………… | 66 |
| 제 13장  성화에 관하여 …………………………………… | 69 |
| 제 14장  구원에 이르게 하는 믿음에 관하여 …………… | 72 |
| 제 15장  생명에 이르는 회개에 관하여 ………………… | 76 |
| 제 16장  선행에 관하여 …………………………………… | 81 |
| 제 17장  성도들의 궁극적 구원에 관하여 ……………… | 88 |

# 제 1 장
# 성경에 관하여
## of The Holy Scriptures

### 본 문 1

**1.** 자연계의 이치(理致)와 창조의 섭리가 하나님의 능력과 선하심을 잘 보여주고 있다. 그러나 구원에 이르게 할 정도로 충분한 것은 아니다. 그래서 하나님은 성경을 기록하셔서 자신의 온전하신 뜻을 사람들에게 알리신 것이다. 이제는 성경이 완성된 시대이기 때문에 과거에 계시하시던 방법은 그치고, 오직 기록된 말씀으로 하나님의 뜻을 전달하신다. 그러므로 성경은 없어서는 안될 요긴한 것이 되었다(롬 1:19, 20, 고전 1:21, 2:13, 14).

**2.** 하나님의 말씀인 성경에는 신약과 구약의 모든 책이 다 포함되어 있다. 그리고 이 성경은 하나님의 영적인 감동으로 기록된 것으로서 신앙과 생활의 법칙이 된다(신약 27권, 구약 39권) (딤후 3:16, 계 22:18).

**3.** 일반적으로 외경이라고 불리는 책들은 하나님의 영감으로 된 것이 아니기 때문에, 성경의 일부로 인정되지 않는다. 따라서 외경은 교회에서 어떤 권위도 없으며, 다른 책에 비해 특별한 인정을 받는 것도 아니다(눅 24:27, 벧후 1:21).

**4.** 성경의 권위에 대하여는 믿고 복종해야 한다. 그 권위는 어떤 사람이나 교회의 증거에서 나온 것이 아니고, 성경의 저자이시며 진리 자체이신 하나님께 있기 때문이다(벧후 1:20, 21, 요일 5:9).

## 중요한 이해 문제

1. 하나님을 알만한 것이 어디에 분명히 나타났습니까?(⇨롬 1:19, 20)
   (답)  사람들 속의 양심(내적:양심, 외적:자연)

2. 구원에 관한 신령한 일은 어떤 분의 가르침으로 가능한 것입니까?(⇨고전 2:13)
   (답)  성령님(하나님의 깊은 진리를 깨닫게 함)

3. 구약시대에 하나님은 누구를 통하여 말씀하셨습니까?(⇨히 1:1)
   (답)  선지자들

4. 하나님은 이 모든 마지막 날에 누구를 통하여 말씀하셨습니까?(⇨히 1:2)
   (답)  아들(예수 그리스도)

5. 성경은 왜 우리의 교육에 필요합니까?(⇨딤후 3:16)
   (답)  하나님의 감동으로 기록되어 있기 때문

6. 외경은 왜 성경이 될 수 없습니까?(⇨벧후 1:21)
   (답)  사람의 뜻으로 낸 것이기 때문

7. 성경의 권위는 결국 누구의 증거에 근거한 것입니까?(⇨요일 5:9)
   (답)  하나님(그 아들 예수 그리스도)

### 본 문 2

**5.** 우리는 교회의 증거로 성경을 고상하고 존귀하게 생각한다. 내용의 신성함과 교리적인 체계와 장엄한 문체와 모든 내용의 일관성과 완전함은 성경이 하나님의 말씀이라는 것을 충분히 증거해 준다. 그러나 성경이 하나님의 권위를 지닌 틀림없는 진리라고 확신할 수 있는 것은 우리의 심령 속에서 증거하시는 성령의 역사라고 말할 수 있다(요 16:13, 고전 2:10-12).

**6.** 성경에는 인간의 구원과 신앙생활에 대한 하나님의 계획이 분명히 나타나 있다. 그러므로 어떤 것도 새로 첨가할 필요가 없고, 깊이 이해하기 위하여 성령의 내적 조명이 필요할 뿐이다. 또한 하나님께 드리는 예배와 교회 정치에 관하여는 일반적인 사회단체와 같이 어떤 격식을 갖추고 있다. 그러나 언제나 하나님의 말씀에 근거를 두어야 한다(갈 1:8,9, 고전 14:26).

**7.** 성경의 모든 진리의 내용이 그 명백성에 있어 동일하지는 않다. 그러나 우리가 믿고 지켜야 할 구원의 도리는 성경에 명백히 해설되고 계시되어 있다. 그러므로 유식한 자나 무식한 자나 누구든지 적절히 사용하기만 하면 그 진리를 만족하게 알 수 있다(벧후 3:16, 시 119:105, 130).

### 중요한 이해 문제

**1.** 우리는 어떻게 하여 구원의 지식을 알게 됩니까?(⇒요일 2:20,27)

(답) _기름 부음을 통해서 (기름 = 성경)_

2. 우리가 하나님의 영을 받아야 할 필요가 어디에 있습니까? (⇨고전 2:11,12)

   (답)   하나님의 영을 받았기에 (성령)

3. 다른 복음은 우리에게 어떤 영향을 끼치게 됩니까? (⇨갈 1:7,8)

   (답)   요란케 하고 복음을 변케하며 저주를 받게 된다.

4. 예배와 교회정치는 어떻게 정해져야 합니까? (⇨고전 14:26)

   (답)   덕을 세우는 기준에서

5. 성경에 분명히 계시된 것은 무엇입니까? (⇨시 119:105)

   (답)   구원의 도리

6. 무식한 사람은 성경을 전혀 이해할 수 없습니까? (⇨시 119:130)

   (답)   주의 말씀을 엶으로 깨닫게 된다.

## 본 문 3

**8.** 구약은 히브리어로, 신약은 헬라어로 기록되었는데 영적인 감동으로 된 것이며, 하나님의 특별하신 보호와 섭리로 순수하게 보존되어 왔다. 그러므로 성경은 권위가 있고 신뢰할만 하다. 그러므로 종교에 관한 모든 논쟁에 대하여 교회가 최종적으로 결론을 내리는 것도 성경에 그 근거를 둔다. 모든 사람이 그 원어를 알지 못하기 때문에 누구나 읽을 수 있도록 각 민족의 평범한 말로 번역되어야 한다(마 5:18, 요 5:39, 고전 14:27).

**9.** 성경을 해석하면서 잘못을 범하지 않는 길은 성경으로 성경을 해석하게 하는 것이다. 그러므로 어떤 성경 구절에 대하여 온전한 뜻을 찾기에 부족하면, 더 분명히 밝힌 성경 구절을 찾아보아야 한다(벧후 1:20, 21, 행 15:15).

**10.** 모든 종교적 논쟁이나 회의의 결론이나 성경 해석자의 견해를 검토하고 판단하는데 있어서, 최고의 심판자는 성경으로 말씀하시는 성령님이시다(요일 2:27, 행 28:25).

## 중요한 이해 문제

**1.** 신구약 성경은 각각 무슨 말로 기록 되었습니까?.

(답) _구약: 히브리어, 아람어, 신약: 헬라어_

**2.** 성경에서 특별히 보존되어 온 것은 무엇입니까?(⇒마 5:18)

(답) _율법의 일점 일획_

**3.** 왜 성경이 모든 논쟁의 결정을 내릴 수 있습니까?(⇒요 5:39, 46)

(답) _예수 그리스도에 대해서 기록되었기에_

**4.** 성경의 원어가 각 민족의 통용어로 번역되어야 할 까닭이 무엇입니까?(⇒고전 14:6, 9, 11, 27, 29)

(답) _누구나 읽을 수 있도록 유익을 주기 위해_

**5.** 성경은 우리에게 무엇을 가지도록 합니까?(⇒롬 15:4)

(답) _인내와 위로(안위)의 소망_

**6.** 성경을 어떻게 풀어서는 안됩니까? (⇨벧후 1:20)

(답) __사사로이(성경의 조명에 따라 풀어야 함)__

**7.** 성경에 의문난 구절이 있을 때 어떻게 알아 보아야 합니까? (⇨행 15:15)

(답) __성경으로__

**8.** 모든 논쟁의 최고 심판자는 누구입니까? (⇨요일 2:20,27)

(답) __거룩하신 자 곧 성령님__

### 참고

#### 1. 성경의 완전성에 관하여
개혁자들은 다음 몇가지 점으로 성경의 완전성을 설명하였다.
1. 성경은 성령의 영감에 의한 신적 권위를 가지고 있다.
2. 성경은 시간의 종말까지 절대 필요한 것으로 남게 된다.
3. 성경은 전반에 걸쳐 하나님의 계시가 명료하게 나타나 있다.
4. 성경은 인간의 내적 광명에 필요한 것으로 충족되어 있다.

#### 2. 외경에 대하여
외경이란 구약성경이 완성된 후 신구약시대에 기록된 14권의 책을 말한다.

1. 이 외경은 구약 히브리 정경에 한 권도 포함되지 않았으나 70인역과 벌게이트 역본에 포함시켰다. 그래서 벌게이트 역본을 사용하고 있는 가톨릭교회에서는 그중 11권을 소위 제2정경으로 인정하여 A.D 1546년 트렌트 공회에서 성경의 일부로 선포하였다. 그러나 개신교에서는 내외적 증거로 이 외경을 정경으로 인정치 않고 있다.

2. 14권의 외경은 다음과 같다.
에스드라 1서와 2서, 도빗경, 유딧경, 에스더 일부, 솔로몬의 지혜서, 교회서, 마카비1서와 2서, 바룩서, 세 어린이의 노래, 수산나의 이야기, 벨과 용, 므낫세의 기도 등이다.

#### 3. 영감에 대하여
성경은 영감에 의하여 기록되어졌다는 신앙에 의해서만 그 신적권위가 인정받게 된다. 물론 성경 자체 안에 영감에 대한 증거가 수없이 언급되어 있다.

이 영감에는 다음 몇가지 설이 있다.
① 기계적 영감설―하나님의 불러주시는 것을 그대로 받아 썼다는 설.
② 동력적 영감설―저자의 일반 영감 안에서 성령이 활동했다는 설.
③ 유기적 영감설―하나님께서 저자의 성품, 기질, 재능, 교육, 교양, 어법, 문제까지 다 사용하셨다는 설.

# 제 2 장
# 하나님과 삼위일체에 관하여
## of God and of the Holy Trinity

---

**본 문 1**

**1.** 살아계신 참된 하나님은 한 분 뿐이시다. 그는 무한하시고 순결하시며 완전하시고 광대하시다. 그는 영원하시고 전능하실 뿐 아니라 가장 지혜로우시고 가장 거룩하시고 절대적이신 분이다. 그는 가장 자유로우시고 모든 일을 자신의 영광을 위하여 의로우신 뜻에 따라 행하신다. 그는 사랑이 지극하시고 은혜로우시며 자비하시며 오래 참으시고 인자와 진실하심이 풍성하셔서 사람들의 죄를 용서하시고 부지런히 그를 찾는 자에게는 선으로 갚아주신다. 동시에 그의 심판은 지극히 공의롭고 무서우며, 모든 죄를 미워하심으로 죄를 회개치 아니하고 고집하는 자는 결단코 용서하지 않으신다 (신 6:4, 살전 1:9, 시 90:2, 출 3:14, 히 11:6, 출 34:7).

14  제2장 하나님과 삼위일체에 관하여

## 중요한 이해 문제

**1.** 다른 하나님도 있습니까?(⇨고전 8:4, 6)

(답) <u>한 하나님 밖에 없다.</u>

**2.** 하나님은 영이시라 할 때, 인간은 하나님과 어떻게 다릅니까?(⇨요 4:24)

(답) <u>하나님: 예배를 받는 자, 인간: 예배하는 자(육적 몸)</u>

**3.** 하나님은 누구를 위하여 일하십니까?(⇨엡 1:11, 롬 11:36)

(답) <u>주(The Lord)</u>

**4.** 출애굽기 34:6 말씀을 그대로 기록하십시오.(⇨출 34:6)

(답) <u>여호와께서 그의 앞으로 지나시며 반포하시되 여호와로라 여호와로라 자비롭고 은혜롭고 노하기를 더디하고 인자와 진실이 많은 하나님이로라</u>

**5.** 하나님은 누구에게 상을 주십니까?(⇨히 11:6)

(답) <u>자기를 찾는 자</u>

**6.** 왜 하나님의 심판은 두렵습니까?(⇨느 9:33)

(답) <u>공의롭기에</u>

**7.** 하나님은 누구를 미워하십니까?(⇨시 5:5)

(답) <u>모든 행악자</u>

**8.** 왜 하나님은 자비로우면서도 죄있는 자는 결코 용서치 않으십니까?(⇨출 34:7)

(답) <u>모든 죄를 미워하시기에</u>

## 본 문 2

**2.** 하나님으로 부터 모든 생명과 영광과 선과 행복이 나온다. 하나님은 스스로 충족하시기 때문에 어떤 피조물의 도움을 받거나 영광을 취하지 않는다. 오직 자신의 영광을 피조물에게 주실 뿐이다. 오직 하나님만 모든 존재의 근원이 되신다. 만물이 그에게서 나오고, 그로 말미암고 그에게로 돌아간다. 그는 모든 것을 주관하시고 보호하시고 다스리신다. 하나님께는 우연한 것이나 불확실한 것이 없다. 그의 계획과 모든 명령은 지극히 거룩하시며, 또한 그는 사람과 천사의 예배와 봉사와 복종을 기뻐하신다(행 17:25, 롬 11:36, 히 4:13).

**3.** 하나님의 본체는 삼위가 계시는데, 성부와 성자와 성령 하나님으로 그 실체와 권능과 영원성은 동일하시다. 성부 하나님은 누구에게 속하지도 않았고 어디에서 출생한 것도 아니다. 그리고 성자 하나님은 영원히 성부에게서 나시고, 성령 하나님은 영원히 성부와 성자에게서 나오신다(요 1:18, 요 15:26, 고후 13:13).

### 중요한 이해 문제

하나님에게서 나오는 것들은 무엇입니까?(⇒요 5:26, 시 119:68, 딤전 6:15)

(답) _생명, 영광, 선, 행복_

하나님이 스스로 충족하신 까닭은 무엇입니까?(⇒행 17:24, 25)

(답) _만유를 지으신 神, 천지의 주재(주인)_

## 제2장 하나님과 삼위일체에 관하여

**3.** 하나님만 존재의 근원이 되시는 까닭이 무엇입니까? (⇒롬 11:36)

(답) _만물이 그로부터 나오고, 그로부터 돌아가기 때문_

**4.** 모든 것이 하나님 앞에 어떻게 드러납니까? (⇒히 4:13)

(답) _벌거벗은 것같이_

**5.** 하나님께는 왜 불확실한 것이 없습니까? (⇒히 4:12)

(답) _말씀의 능력 때문에_

**6.** 하나님은 사람에게서 무엇을 요구하십니까? (⇒계 5:12~14)

(답) _찬송과 존귀와 영광_

**7.** 삼위는 어떻게 존재합니까? (⇒마 3:16, 17)

(답) _실체와 권능과 영원성이 동일하게 존재_

**8.** 하나님의 실체는 어떠합니까? (⇒요일 5:8)

(답) _성부, 성자, 성령으로 하나이신 하나님_

**9.** 성부는 누구에게 속하며 성자는 누구에게서 나셨고, 성령은 누구에게서 나오시게 됩니까? (⇒출 3:14, 갈 4:6)

(답) _성부: 누구에게나 속하지 아니함,_
_성자: 성부, 성령: 성부, 성자_

### 참 고

#### 삼위일체의 교리 개관

하나님은 그의 본질적 존재에 있어서는 한 분이지만 이 한 분 안에는 성부, 성자, 성령이라 불리우는 삼위가 존재한다. 그러나 이 삼위는 여러 인격들처럼 전혀 분리된 세 인격이 아니라, 오히려 신적 존재의 본질적 세 형태인 것이다.

# 제 3 장
# 하나님의 영원하신 작정에 관하여
## of God's Eternal Decree

### 본 문 1

**1.** 하나님께서는 영원 전부터 장차 될 모든 일을 작정하셨다. 그 작정은 가장 지혜롭고 거룩한 계획에 따라서 자유롭고 변함없이 된 것이다. 그러나 하나님은 죄를 만들지 않으며, 피조물의 의지를 억압하지도 않는다. 자연 법칙의 자유나 우연성을 빼앗지 않으시고 오히려 성립시키신다(엡 1:5,6, 롬 11:33, 약 1:13).

**2.** 하나님은 미래에 일어날 환경과 그 환경에서 발생할 일들을 알고 계신다. 그러나 미리 내다 보시고 예정하신 것이 아니다(행 15:18, 21, 롬 9:11).

**3.** 하나님은 자기의 영광을 위하여 사람들과 천사들 중 어떤 이들은 택하여 영생에 이르게 하시고, 어떤 이들은 영원한 죽음에 이르도록 미리 작정하셨다(롬 9:22, 엡 1:5-10, 딤전 5:21).

제3장 하나님의 영원하신 작정에 관하여

## 중요한 이해 문제

1. 하나님은 누구의 뜻을 따라 모든 일을 작정하십니까? (⇒엡 1:11)

    (답) __그 마음에 원대로 역사하시는 자의 뜻__

2. 하나님께서 하시는 일을 사람이 다 이해할 수 있습니까? (⇒롬 11:33)

    (답) __측량하지도 찾지도 못한다.__

3. 하나님의 변함없는 뜻을 어떻게 보증하셨습니까? (⇒히 6:17)

    (답) __맹세로 보증__

4. 하나님에게서 악이 나올 수 있습니까? (⇒약 1:13)

    (답) __없다(악에게 시험을 받지도, 하지도 않는다).__

5. 결국 악은 누구에게서 나옵니까? (⇒살전 2:9)

    (답) __사단__

6. 모든 일이 하나님의 작정이라면 우연한 일은 결코 없는 것입니까? (⇒행 2:23, 마 17:12)

    (답) __없다(하나님의 정하신 뜻).__

7. 사람이 하나님의 뜻을 거역할 수 있는 것은 무엇을 가졌기 때문입니까? (⇒행 4:27,28)

    (답) __피조물의 (자유)의지__

8. 하나님께서 아시는 일과 작정하시는 일은 어떤 것이 앞섭니까?
   (⇒롬 9:13,16)
   (답) _작정하신 일_

9. 하나님의 작정은 어떤 형편에서 영향을 받습니까?(⇒롬 9:18)

   (답) _하나님이 하고자 하시는 대로_

10. 하나님께서 우리를 택하신 궁극적인 목적은 무엇입니까?(⇒엡 1:5,6)
    (답) _자기의 영광을 위해서_

11. 영생으로 예정받지 못한 사람들과 천사들은 결국 어떻게 됩니까?(⇒마 25:41)
    (답) _영원한 불(죽음)_

## 본 문 2

**4.** 이와같이 예정되고 미리 작정된 사람들과 천사들은 개별적으로 정확하게 변동없이 계획되었다. 그 수효는 확정되어 있어서 가감할 수 없다(딤후 2:19, 요 13:18).

**5.** 영생 얻도록 예정된 자들은 창세 전에 하나님께서 선택한 자들이다. 이 선택은 그의 영원불변하신 목적과 기쁘신 뜻과 오묘한 계획에 따라 하신 것이다. 그들로 하여금 그리스도 안에서 영원한 영광을 얻도록 하실 것이다. 이 영생은 오직 하나님의 은혜와 사랑으로 된 것이지, 사람의 선행이나 어떤 행위로 된 것이 아니다. 모든 것은 하나님의 영화로우신 은혜를 찬송하기 위하여 선택된 것이다(롬 8:30, 엡 1:4,6,12).

**6.** 하나님께서는 구원받을 자들을 선택하심과 동시에 그 방법도 예정하셨으니, 그의 영원하시고 자유로운 뜻대로 하신 것이다. 본래 택함 받은 자들이 아담 안에서 타락하였으나 그리스도로 말미암아 구원을 받았는데, 하나님의 정하신 때에 성령으로 부르심을 받은 것이다. 부르신 자들을 의롭다 하시고 양자로 삼아 주시고 거룩하게 하며 구원이 완성되기까지 하나님의 능력으로 보살피신다. 오직 택함을 받은 자 외에는 아무도 의롭게 되거나 하나님의 자녀가 되어 구원을 얻지 못한다(롬 8:30, 살전 5:9, 10, 벧전 1:2,5).

### 중요한 이해 문제

**1.** 하나님의 작정이 변할 수 없는 까닭은 무엇입니까?(⇒딤후 2:19)

(답) _주께서 자기 백성을 아시기 때문_

**2.** 예정받은 사람의 수가 하나님에게는 매우 확실한 까닭이 무엇입니까?(⇒요 13:18)

(답) _택한 자를 하나님이 알기 때문에_

**3.** 선택받은 사람의 수가 늘거나 줄어들 수 있습니까?(⇒롬 8:29,30)

(답) _미리 정했기에 줄 수도 늘 수도 없다._

**4.** 하나님은 언제 우리를 택하셨습니까?(⇒엡 1:4)

(답) _창세 전에_

**5.** 누구안에서 우리를 택하셨습니까? (⇒엡 1:4)

(답) __그리스도__

**6.** 선택의 목적은 무엇입니까? (⇒롬 8:30)

(답) __의롭다 하시고, 영화롭게 하기 위해__

**7.** 하나님의 선택은 하나님의 은혜입니까, 사람의 선행입니까? (⇒딤후 1:9)

(답) __예수 그리스도 안에서 우리에게 주신 은혜__

**8.** 피조물인 사람 안에 하나님의 선택에 영향을 미칠만한 것이 있습니까? (⇒롬 3:10)

(답) __없다(의인은 없나니 하나도 없다).__

**9.** 택함을 받은 사람은 누구를 통하여 부르심을 받습니까? (⇒살후 2:13)

(답) __성경으로__

**10.** 택함받지 못한 사람은 어떻게 됩니까? (⇒요 17:12)

(답) __멸망__

## 본 문 3

**7.** 하나님께서는 측량할 수 없는 계획에 따라서 택함 받지 못한 자들에 대하여, 때로 자비를 베풀기도 하시지만 자비를 베풀지 않을 때도 있다. 모든 피조물에 대한 하나님의 주권적 권능과 영광을 위하여 용서도 하시고 부끄럽게도 하시고 죄에 대해 진노하시기도 한다(마 11:25,26 롬 9:17, 벧전 2:8).

**8.** 이 오묘한 예정교리는 특별히 지혜롭고 조심스럽게 다루어야 한다. 예정의 목적은 하나님의 뜻대로 순종하는 자들이 은혜 가운데 부름 받은 사실과 영생에 대해 확신을 가지도록 하는 것이다. 이 예정교리는 하나님께 대하여 찬송과 경외와 존귀를 돌리게 되며, 진실히 복음을 순종하는 자들은 겸손해 지며 근면해 지고 풍성한 위로를 얻는다(신 29:29, 롬 9:20-23, 벧후 1:10).

### 중요한 이해 문제

**1.** 하나님의 뜻은 누가 더 잘 알게 됩니까?(⇨마 11:25,26)

(답) _어린 아이들(하나님이 기뻐하는 사람들, 제자들)_

**2.** 하나님은 택한 백성 이외의 사람들에 대해서는 어떻게 하십니까?(⇨롬 9:17,18,21,22)

(답) _자비는 베풀 때도 있고, 없을 때도 있다(토기장이의 그릇 비유)._

**3.** 선택받은 자는 자기 마음대로 행동해도 됩니까?(⇨딤후 2:19)

(답) _불의에서 떠나야 한다._

제3장 하나님의 영원하신 작정에 관하여   23

**4.** 사람이 넘어지는 까닭은 무엇입니까?(⇒벧전 2:8)

　(답) _말씀을 순종하지 아니함으로_

**5.** 사람이 하나님의 일을 불평할 수 있습니까? 그것은 어떤 일과 같습니까?(⇒롬 9:20,21)   _감히 하나님을 힐문할 수 없다._
　(답) 　_토기장이가 마음대로 그릇을 만드는 것._

**6.** 예정교리를 특별히 조심히 취급해야 할 까닭은 무엇입니까?(⇒벧후 1:10)

　(답) _실족지 않기 위해_

**7.** 예정교리가 왜 하나님께 대한 찬송과 경외와 감탄을 일으키게 됩니까?(⇒엡 1:6)

　(답) _거저 주셨기에_

**8.** 우리는 이 교리를 확신하면서 어떻게 살아야 합니까?(⇒롬 11:20)

　(답) _순종하며 믿음으로 살아야_

---

**참 고**

### 1. 작정에 관한 일반적 의미
하나님의 작정이란 하나님께서 장차 발생될 일체의 사건들을 미리 정하시는 그의 영원하신 계획, 혹은 목적을 말한다. 만물을 지배 하시는 하나님께서 창조와 섭리에서 뿐만 아니라 구속의 과정에서도 명확한 계획에 따라 일하신다는 것은 역시 자연스러운 일이다.

### 2. 예정이란
예정은 〈선택〉과 〈유기〉의 두 부분으로 나누어 설명한다.
① 선택—이는 인류의 얼마를 그리스도안에서 구원하기로 하신 하나님의 영원한 목적을 말한다.
② 유기—선택의 교리는 자연적으로 인류 중의 얼마는 선택되지 못하였다는 것을 반증한다. 그러므로 유기란 하나님께서 어떤 사람들의 죄는 벌하기로 결정한 것이라고 정의할 수 있다.

# 제 4 장
# 창조에 관하여
## of Creation

### 본 문 1

**1.** 성부와 성자와 성령의 하나님께서 영원하신 권능과 지혜와 영광을 나타내시기 위하여, 태초에 아무 것도 없는 데서 만물을 창조하셨다. 그 분이 엿새동안 기쁨으로 창조하신 것은 모두 선한 것이었다(창 1:1,2, 요 1:1-3, 히 1:2).

### 중요한 이해 문제

**1.** 하나님은 누구로 말미암아 세계를 지으셨습니까?(⇨히 1:2)

  (답) _아들(예수 그리스도)_

**2.** 수면에 운행한 하나님의 신이란 누구입니까?(⇨창 1:2)

  (답) _예수 그리스도_

**3.** 하나님께서 만물을 창조하신 것은 무엇을 나타내기 위함입니까?
  (⇨롬 1:20)
  (답) _하나님의 영원하신 능력과 신성_

4. 하나님께서 무엇으로 하늘과 땅을 지으셨습니까? (⇒렘 10:12)

    (답) __권능과 지혜와 명철__

5. 만물을 크게 두가지로 나누어 보세요? (⇒골 1:16)

    (답) __보이는 것과 보이지 않는 것__

6. 창조는 며칠동안 이루어졌습니까? (⇒창 1:1-31)

    (답) __6일 동안__

7. 지은 것이 다 선했다는 뜻을 창세기에서는 어떻게 표현했습니까? (⇒창 1:1-31)

    (답) __하나님 보시기에 좋았더라.__

8. 하나님이 짓지 않는 것이 무엇입니까? (⇒창 6:5)

    (답) __죄와 악__

### 본 문 2

  2. 하나님께서 다른 피조물을 지으신 후에 남자와 여자를 창조하셨다. 그들에게 불멸의 영혼을 주시고 하나님의 형상을 따라 지식과 의와 거룩을 부여하시고, 하나님의 율법을 마음에 새겨주시고 그것을 행할 수 있는 능력도 주셨다. 그렇지만 사람은 범죄할 가능성도 있었다. 그에게는 자기의 마음대로 할 수 있는 자유도 부여되었기 때문이다. 하나님은 그들에게 마음 속에 기록된 율법 외에, 선악을 알게 하는 실과를 먹지 말라고 명령하셨다. 그 명령을 지키는 동안에는 하나님과 교제하는 즐거움이 있었고, 피조물을 다스리는 권세가 있었다(창 1:27, 창 2:17, 시 8:6-8, 마 10:28).

## 중요한 이해 문제

**1.** 하나님은 누구의 형상대로 사람을 창조하셨습니까? (⇒창 1:27)

(답) 하나님의 형상

**2.** 하나님은 왜 사람을 남여로 창조하셨습니까? (⇒창 1:28)

(답) 생육하고 번성하고 땅에 충만하여 땅을 정복하고 모든 생물을 다스리기 위해

**3.** 사람의 영혼은 어떠합니까? (⇒창 2:7)

(답) 생령(불멸의 영혼)

**4.** 하나님의 형상이란 무엇을 의미합니까? (⇒엡 4:24)

(답) 의, 진리, 거룩으로 지음받은 새사람

**5.** 하나님은 율법을 어디에 새겨 주셨습니까? (⇒롬 2:14,15)

(답) 양심, 마음

**6.** 사람이 처음 지음 받았을 때 율법대로 살 수 있었습니까? (⇒전 7:29)

(답) 없었다. (하나님이 정직하게 지었지만 사람은 많은 꾀를 냄)

**7.** 어찌하여 사람은 범죄할 가능성을 가지게 되었습니까? (⇒창 3:6)

(답) 자유 의지

8. 하나님께서는 최초의 사람에게 무엇을 먹지 말라고 하셨습니까?
 (⇨창 3:3)
 (답) _동산 중앙에 있는 나무의 실과_

9. 하나님과의 교제의 즐거움은 어느 때 가질 수 있습니까?(⇨창 3:3)
 (답) _하나님 말씀을 지키는 동안에_

10. 사람은 하나님께 무슨 권한을 받았습니까?(⇨창 1:28)

 (답) _피조물을 다스리는 것_

---

**참 고**

### 창조의 궁극적 목적

이 목적에는 언제나 다음 두 가지가 논쟁이 되어 왔다.
① 인간의 행복이 창조의 목적이라는 설—고대 희랍철학자들과 로마 철학자들, 그리고 종교개혁 시대의 인문주의자들과 18세기의 합리주의자들이 이 설을 주장하여 왔다.

② 하나님 자신의 영광이 창조의 목적이라는 설—이 설은 성경에 근거한 정확한 견해이다. 하나님께서 피조물에게 경배와 찬사를 받기 위해서가 아니라, 다만 당신의 영광을 나타내기 마음 위하여 창조 하셨다는 것을 뜻한다.

# 제 5 장
# 섭리에 관하여
## of Providence

### 본 문 1

**1.** 창조자이신 하나님은 거룩하신 섭리에 의하여 가장 위대한 것으로 부터 가장 사소한 것에 이르기까지 지도하시고 다스리신다. 자유롭고 변함없는 뜻대로 섭리하시는데, 그 이유는 하나님의 지혜와 능력과 공의와 선과 긍휼을 찬송케 하려는 것이다(잠 15:3, 사 63:14, 단 4:34).

**2.** 창조의 근본이신 하나님의 예정에 따라 만물은 변함없이 정확하게 이루어져 간다. 그와 동시에 창조의 법칙에 따라서 자연스럽게 이루어 지도록 하신다(창 8:22, 사 10:6,7, 행 2:23).

**3.** 하나님께서는 그의 일반적인 섭리를 따라서 여러 방법을 사용하신다. 간혹 그 법칙 이상의 것이나 반대되는 법칙까지도 뜻이 있으면 자유롭게 사용하신다(마 4:4, 행 27:31, 롬 4:9-21).

### 중요한 이해 문제

**1.** 하나님께서 우리를 인도하신 목적은 어디 있습니까?(⇒사 63:14)

(답) _주의 이름을 영화롭게 하기 위하여_

## 제5장 섭리에 관하여

**2.** 하나님의 하시는 일에서는 무엇이 나타납니까? (⇒시 145:17)

(답) _의로우시며 은혜로우신 역사_

**3.** 하나님께서는 작은 일에도 세밀하십니까? (⇒마 10:30)

(답) _머리털까지도 헤아린바 됨_

**4.** 하나님의 손이 미치지 않는 곳이 있습니까? (⇒시 135:6)

(답) _천지와 바다와 모든 깊은 데까지_

**5.** 섭리란 무슨 뜻입니까? (⇒시 103:19)

(답) _세우시고 통치_

**6.** 이 땅에서 일어난 일로서 하나님께서 모르시는 것이 있습니까? (⇒행 2:23)

(답) _없다(미리 아심)._

**7.** 우연히 일어난 일도 섭리입니까? (⇒출 21:13)

(답) _만물은 변함없이 정확하게 이루어져 간다._

8. 하나님의 섭리는 일반법칙을 뛰어 넘는 것을 예를 들어 보십시오 (⇒롬 4:19~21)

   (답) _사라의 태를 열게 하신 하나님_

9. 하나님의 섭리에 불가능이 있습니까? (⇒단 3:27)

   (답) _불도 태우지 못하는 역사_

## 본 문 2

**4.** 하나님의 전능하심과 지극히 지혜로우심과 선하심이 그의 섭리에 나타난다. 아담의 타락과 천사들과 인류의 모든 죄까지 하나님의 섭리의 관할 아래에 있다. 그러나 죄악은 하나님에게서 나오는 것이 아니라 피조물에게서 나온다. 하나님은 가장 거룩하시고 의로우셔서 죄를 만들지도, 시인하지도 않으며 그렇게 하실 리도 없다 (삼하 24:1, 행 14:16, 약 1:13).

**5.** 하나님은 때로 자기의 백성들을 얼마동안 여러 가지 시험과 부패한 마음의 본성을 그대로 지켜 보신다. 이렇게 하심은 전날에 범했던 죄를 징계하시고, 잠재해 있는 마음의 부패가 얼마나 큰가를 발견하게 하려는 것이다. 그리고 심령의 거짓을 깨달음으로 더욱 겸손하며, 하나님의 도우심을 간절히 바라고 의지하게 하려는 것이다. 뿐만 아니라 어떤 범죄의 기회가 주어져도 의롭고 거룩한 목적을 위하여 자신들을 더욱 삼가하게 하신다 (대하 32:25 고후 12:7~9).

## 중요한 이해 문제

**1.** 섭리가 사람의 타락에도 영향을 끼친다는 것은 어떤 경우를 두고 한 말입니까?(⇒롬 11:32~34)

　(답) <u>모든 사람에게 긍휼을 베푸심을 보고</u>

**2.** 하나님께서 죄를 묵인하신 일도 있습니까?(⇒행 14:16)

　(답) <u>지나간 세대에(묵인 = 오래 참음)</u>

**3.** 죄악은 누구에게서 발생됩니까?(⇒약 1:14)

　(답) <u>피조물</u>

**4.** 왜 하나님은 죄의 조성자가 아닙니까?(⇒약 1:17)

　(답) <u>거룩하시고 의로우시기에</u>

**5.** 하나님께서 사람의 마음을 부패한 상태로 버려 두신 일이 있습니다. 왜 하나님께서 그렇게 버려 두십니까?(⇒대하 32:25,26)

　(답) <u>뉘우치게 하기 위해</u>

**6.** 사람은 어떤 때 참으로 겸손해 질 수 있습니까?(⇒고후 12:7~9)

　(답) <u>육체에 가시가 있을 때</u>

**7.** 범죄에 징벌이 없다면 어떻게 되겠습니까?(⇒히 12:8)

　(답) <u>사생아, 참 아들이 아니다.</u>

### 본 문 3

**6.** 악하고 불경건한 자들에 대하여 하나님은 의로우신 심판자로서 그들이 전에 범한 죄로 그들의 눈을 어둡게 하고 마음을 완악하게 하신다. 하나님은 그들에게 지각을 열어주지도 않고 은혜도 베풀지 않으며 오히려 은사까지 거두어 가신다. 그들의 부패한 마음이 죄악을 범하는 기회가 되며, 그들이 탐욕에 빠지고 마귀의 권세에 넘어가게 하신다(출 7:3,4, 신 2:30, 마 13:12, 롬 1:24,25).

**7.** 하나님의 섭리가 모든 피조물에게 미치는 것과 같이 매우 특별하신 방법으로 그의 교회를 보호하시고 합력하여 선을 이루도록 처리하신다(사 43:3~5, 암 9:8, 롬 8:23).

### 중요한 이해 문제

**1.** 범죄는 사람을 어떻게 만듭니까?(⇨롬 1:24,28)

(답) _욕되게 하고 마음에 하나님 두기를 싫어한다._

**2.** 어떤 때 이미 가진 은사까지도 빼앗기게 됩니까?(⇨마 13:12, 25:29)

(답) _없는 자(열매를 맺지 못한다)_

**3.** 무엇이 죄악의 기회를 만들게 됩니까?(⇨왕하 8:12,13)

(답) _부패한 마음_

제5장 섭리에 관하여　33

**4.** 어떤 경우에 하나님은 사람을 강곽한 대로 버려 둡니까? (⇨왕하 8: 11,12)

　(답) _악을 행할 때에_

**5.** 완악한 사람은 좋은 방법도 어떻게 받아 들이게 됩니까? (⇨행 8:23)

　(답) _악, 불의로_

**6.** 하나님은 교회를 어떻게 보호하십니까? (⇨마 16:18)

　(답) _반석 위에서(특별한 방법으로)_

**7.** 하나님은 모든 일의 결과를 어떻게 만드십니까? (⇨롬 8:28)

　(답) _합력하여 선을 이루신다._

---

| 참 고 | **하나님 섭리의 3가지 요소** |

하나님의 섭리에는 다음의 3가지 요소가 있다.

① 보존―이는 하나님께서 만물을 후원하시는 계속적인 사역을 말한다.

② 협력―이는 하나님께서 모든 창조물과 합력하시며 그들로 하여금 그들의 일을 정확히 하도록 하시는 하나님의 사역을 말한다.

③ 통치―이는 만물이 자기네 존재의 목적에 응할 수 있도록 그들을 계속 다스리시는 하나님의 활동을 말한다.

# 제 6 장
## 사람의 타락과 죄와 형벌에 관하여
### of The Fall of Man, of Sin and of the Punishment Thereof

**본 문 1**

**1.** 우리의 첫 조상은 마귀의 간계와 유혹에 빠져 하나님께서 금하신 선악을 알게 하는 실과를 따 먹음으로 죄를 범했다. 하나님의 지혜롭고 거룩하신 계획에 따라서 그들이 죄를 범하도록 허락하신 것은, 미리 정하신 이 죄로 인하여 자신의 영광을 나타내시려 함이었다(창 3:13, 고후 11:3).

**2.** 그들은 이 죄로 말미암아 본래의 의와 하나님의 교제에서 떠나 타락하고 말았다. 그 결과 죄로 말미암아 죽게 되었고, 영혼과 육체의 모든 부분과 기능이 전부 더러워졌다(창 2:17, 창 3:6-8, 창 6:5, 딛 1:15).

**3.** 첫 조상은 인류의 시조였으므로 이 죄의 허물이 우리에게 전가 되었으며, 죄 속에서 같은 죽음과 부패한 성품이 대대로 유전되었다(창 2:16,17, 시 51:5, 고전 15:21).

제6장 사람의 타락과 죄와 형벌에 관하여   35

## 중요한 이해 문제

**1.** 인류의 조상 중에서 가장 먼저 범죄한 사람은 누구입니까? (⇨창 3:13)

　(답) _여자( 함께 있었던 것은 사실이다. - 6,7절 참조 )._

**2.** 금하신 열매를 먹으면 어떻게 됩니까? (⇨창 3:3)

　(답) _죽음_

**3.** 금하신 열매가 어떻게 보였습니까? (⇨창 3:6)

　(답) _먹음직, 보암직, 탐스러움_

**4.** 하나님께서 죄를 범하도록 허락하신 것은 그 목적이 어디에 있습니까? (⇨롬 11:32)

　(답) _긍휼을 베풀기 위해서_

**5.** 범죄한 조상은 하나님의 음성을 듣고 어떻게 하였습니까? (⇨창 3:8)

　(답) _하나님의 낯을 피하여 동산 나무 사이에 숨었다._

**6.** 사람을 타락케 만든 것은 누구였습니까? (⇨창 3:1)

　(답) _뱀의 유혹_

**7.** 범죄한 조상의 영혼과 육체는 어떻게 됩니까? (⇨롬 3:10~18)

　(답) _죽음과 부패한 성품이 유전됨._

36  제6장 사람의 타락과 죄와 형벌에 관하여

**8.** 전가된 죄란 무엇입니까?(⇨시 51:5)

(답) _조상의 죄_

**9.** 조상의 죄는 어떤 방법으로 우리에게 전가되었습니까?(⇨요 3:6)

(답) _육으로 난 것으로_

## 본 문 2

**4.** 원죄(원래의 부패성)로 말미암아 우리는 모든 선에 대하여 전적으로 싫증을 느끼고 무능해졌다. 그리고 선을 배격하게 되며, 악으로 완전히 기울어지게 되어 모든 자범죄(自犯罪)가 나오게 된다(롬 5:6, 골 1:21).

**5.** 이 원죄는 이 세상을 사는 동안 중생한 사람들 안에도 남아 있다. 그것이 그리스도를 통하여 용서되었고 제어되었으나, 본성의 부패에서 나오는 모든 행동은 틀림없이 죄가 된다(롬 7:14, 갈 5:17, 약 3:2).

**6.** 모든 죄는 원죄이든지 자범죄이든지 하나님의 의로우신 율법을 위반한 것이다. 그 결과 범행자는 죄책을 받게 된다. 그 죄 값으로 말미암아 죄인은 하나님의 진노와 그 율법의 저주에 매이게 된다. 그러므로 죄인은 죽을 수 밖에 없고, 영적으로나 현실적으로 영원히 비참해지게 되는 것이다(롬 6:23, 갈 3:10, 엡 2:3).

## 중요한 이해 문제

**1.** 본성에 부패는 선의 의지를 어떻게 만들었습니까? (⇒롬 7:18)

(답) _무력하게 만듦._

**2.** 선을 행하기 원하면서도 행치 못한 것은 그 까닭이 무엇입니까?
(⇒롬 7:14)

(답) _육신에 속하여 있기에_

**3.** 모든 자범죄는 어디에서 시작됩니까? (⇒약 1:14)

(답) _욕심(욕심 - 죄 - 사망)_

**4.** 사람이 중생하면 본성의 부패는 어떻게 됩니까? (⇒요일 1:7)

(답) _예수 그리스도의 피로 깨끗게 됨._

**5.** 믿는 사람의 죄는 어떻게 됩니까? (⇒요일 1:9)

(답) _자백하면 사해지고 깨끗게 됨._

**6.** 믿는 사람은 죄를 짓지 않을 수 있을까요? (⇒롬 7:23)

(답) _마음의 법(하나님의 법)이 도와줌._

**7.** 죄는 무엇을 위반한 것입니까? (⇒롬 2:14)

(답) _율법_

**8.** 죄는 죄인에게 무엇을 가져다 줍니까? (⇨고후 7:10)

(답) _사망_

**9.** 죄인은 어디에 매이게 됩니까? (⇨갈 3:10)

(답) _하나님의 진노와 율법 아래_

> **참 고**
>
> ### 원죄와 본죄
>
> 일반적으로 죄는 원죄와 본죄로 구분된다.
>
> ① 원죄―모든 사람은 아담의 타락 후, 죄의 신분과 상태에서 태어난다. 이를 원죄라고 한다.
>
> ② 본죄―이는 외부적 행위에서 되는 죄를 가리킬 뿐만 아니라 원죄에서 나오는 모든 의식적 사고와 의지까지도 포함하여 일컫는 죄이다. 그러기에 원죄는 하나이지만 본죄는 수 없이 나오는 것이다.

# 제 7 장
## 사람과 맺은 하나님의 언약에 관하여
### of God s Covenant with Man

**본 문 1**

**1.** 하나님과 피조물 사이의 간격은 너무나 크다. 그러므로 처음부터 이성있는 피조물인 인간은 하나님을 창조주로 순종할 책임 있다. 그러나 그 순종의 열매는 하나님 편에서 자원하여 낮추어 주심으로만 가능해 지는 것이다. 그것이 곧 하나님이 기쁘시게 취하신 언약의 방법이다(사 40:13~17, 시 100:2,3, 눅 17:10).

**2.** 인류와 맺은 첫 언약은 '행위언약'이다. 이 언약에서 아담과 그 후손에게 생명을 약속하였다. 그 약속은 그들의 완전한 개인적 순종을 전제로 하는 것이다(갈 3:10,12, 롬 10:5).

**3.** 인류는 범죄하였으므로 행위 언약으로는 생명에 이를 수 없게 되었다. 그래서 하나님은 두번째 언약인 '은혜 언약'을 하셨다. 이로써 죄인이 예수를 통하여 생명과 구원을 값없이 받게 되었다. 예수 그리스도를 믿는 자는 누구든지 생명을 얻게 되었으며, 그들이 즐겨 믿을 수 있도록 성령을 주시기로 약속하셨다(롬 3:20, 갈 3:2,11).

## 중요한 이해 문제

**1.** 사람은 하나님에게 어떤 의무가 있습니까? (⇨삼상 15:22)

(답) __순종__

**2.** 사람이 하나님에게 의무를 다하지 못하고, 축복을 받지 못한 까닭은 무엇입니까? (⇨행 3:19)

(답) __죄때문에__

**3.** 하나님께서 당신을 낮추신 까닭은 무엇입니까? (⇨시 113:5,6)

(답) __하나님이 기쁘시게 하기 위해__

**4.** 하나님은 당신의 뜻을 어떤 방법으로 표현하셨습니까? (⇨갈 3:17)

(답) __미리 정하신 언약__

**5.** 첫 언약은 무슨 언약입니까? (⇨창 2:17)

(답) __행위 언약__

**6.** 첫 언약은 잘 이행 되었습니까? (⇨호 6:7)

(답) __어기고 패역을 행함__

**7.** 왜 둘째 언약이 필요하였습니까? (⇨롬 3:20)

(답) __율법의 행위로 의롭게 안 되기에__

**8.** 둘째 언약을 무슨 언약이라 합니까? (⇨롬 3:21)

(답) __은혜의 언약__

9. 둘째 언약의 내용은 무엇입니까? (⇒요 3:16)

    (답) _독생자 예수를 믿음으로 구원_

10. 생명을 얻도록 결정된 사람에게서 성령은 어떤 일을 합니까?
    (⇒겔 36:26,27)

    (답) _새마음, 부드러운 마음을 주어 믿을 수 있도록_

### 본 문 2

4. 이 은혜 언약은 예수 그리스도의 죽으심과 영원한 유업과 거기 속한 모든 것과 관련되어 있다(눅 22:20, 고전 11:25, 히 7:22).

5. 이 언약은 율법시대와 복음시대에 있어서 다르게 시행되었다. 율법시대에는 약속과 예언과 제물과 할례와 유월절 양과 그 외의 규례로 나타난다. 이 모든 것은 장차 오실 그리스도를 '예표하는데, 성령의 역사를 통하여 택한 자들을 가르치며 굳게 세우는데 충분하다. 이 메시야인 예수 그리스도를 통하여 우리의 죄는 완전히 용서받았고 영원한 구원을 얻었다. 이러한 내용을 담고 있는 것이 구약이다(롬 4:11, 고후 3:6~9, 히 8:6~13, 9:23~28).

### 중요한 이해 문제

1. 은혜의 언약을 이루실 분은 누구입니까? (⇒히 7:22)

    (답) _예수_

**2.** 새언약은 무엇으로 세웠습니까? (⇒눅 22:20)

(답) _예수의 피_

**3.** 율법시대에는 어떻게 언약이 집행되었습니까? (⇒히 7:, 8:, 9:)

(답) _약속, 예언, 제물, 할례, 유월절 양, 그외 규례_

**4.** 율법시대의 규례들은 누구를 예표한 것입니까? (⇒골 2:11)

(답) _그리스도_

**5.** 택한 자들을 누가 가르칩니까? (⇒요 16:13)

(답) _진리의 성령_

**6.** 구약이란 무엇을 가르치는 것입니까? (⇒갈 3:7~9)

(답) _복음_

## 본 문 3

**6.** 예수님이 오신 복음 시대에는 이 언약을 시행하는 의식이 설교와 성례로 나타났다. 이 의식은 빈번하게 치루는 것도 아니며 외관상 화려하지도 않고 사역 양상이 비교적 단순하다. 그런데도 충만하고도 명확한 영적인 효력을 모든 나라에 나타내고 있다. 이 시대를 신약 시대라 한다. 이처럼 두 시대의 형태는 서로 다르지만 그 언약들이 실질적으로는 하나요 동일한 것이다(마 28:19, 고전 11:23~25, 행 15:11).

### 중요한 이해 문제

1. 복음의 본체는 누구입니까? (⇨골 2:17)

   (답) _그리스도_

2. 은혜의 언약을 시행하는 의식에는 어떤 것들이 있습니까? (⇨마 28:19,20)

   (답) _세례_

3. 율법 시대에 비하여 복음 시대의 의식은 어떤 점들이 다릅니까? (⇨렘 31:33,34)

   (답) _마음으로 기록_

4. 신약이란 무엇입니까? (⇨눅 22:20)

   (답) _의식이 설교와 성례를 통해서 이루어진 새언약_

5. 구약과 신약의 본질이 같은 이유가 무엇입니까? (⇨갈 3:14,16)

   (답) _믿음으로 말미암아 성경의 약속_

**참고**

**은혜 언약이란**

은혜 언약이란 하나님께서 죄인에게 구속의 축복을 전하시는 방법을 가리킨다. 하나님은 이 언약을 통하여 죄인들을 무조건 용서하시고 자기와 더불어 복된 교통을 할 수 있도록 만드신다.

# 제 8 장
# 중보자이신 그리스도에 관하여
## of Christ The Mediator

### 본 문 1

**1.** 하나님께서는 영원하신 목적에서 그 독생자를 하나님과 사람 사이의 중보자로 삼으셨다. 그러므로 예수님은 선지자와 제사장과 왕이 되시며, 교회의 머리와 구주가 되시고 만물의 후사와 세상의 심판자가 되신다. 하나님은 영원 전에 후사가 될 백성을 그에게 주셨다. 때가 이르매 그 백성은 예수님으로 말미암아 대속의 은혜를 입고 부르심을 받아 의롭게 되었다. 또한 거룩하게 되고 영광에 이르게 하셨다(고전 1:30, 딤전 2:5,6, 히 5:5,6).

**2.** 하나님의 아들은 삼위일체 중 제 2위로서 성부와 동일한 본체이시며 영원하신 하나님 자신이다. 그는 때가 차서 사람의 몸을 취하셨다. 사람이 가지는 모든 근본적인 성품과 연약함은 소유했지만 죄는 없으신 분이다. 그는 성령의 권능으로 동정녀 마리아에게서 잉태되어 탄생하셨다. 그 결과로 완전한 하나님과 완전한 인간이면서 한 인격으로 결합되었다. 성품이 변한 것도 아니고, 합성도 아니고 혼동도 아니다. 그 인격이 바로 참 하나님이시요 참 사람이신데, 그 주님이 하나님과 사람 사이의 유일하신 중보자시다(요 1:1, 롬 9:5, 갈 4:4,5).

## 중요한 이해 문제

1. 누가 중보자입니까? (➡️딤전 2:5)

   (답) _그리스도 예수_

2. 누가 자기 같은 선지자를 하나 세울 것이라고 말했습니까? (➡️행 3:22).

   (답) _모세_

3. 그리스도를 제사장으로 세운 이는 누구입니까? (➡️히 5:5)

   (답) _말씀하신 이(하나님)_

4. 어디에 왕을 세웠습니까? (➡️시 2:6)

   (답) _거룩한 산 시온_

5. 그리스도께서 교회의 머리가 되신다는 의미는 무엇입니까? (➡️엡 5:23,24)

   (답) _남편이 아내의 머리_

6. 그리스도께서 심판자가 되시는 증거가 무엇입니까? (➡️행 17:31)

   (답) _부활_

7. 그리스도는 삼위일체 중 몇째 위가 되십니까?

   (답) _제2위_

8. 그리스도는 어떻게 죄가 없이 태어날 수 있었습니까? (➡️눅 1:27, 31,35)

   (답) _성령으로 잉태됨_

**9.** 그리스도는 육신으로 누구의 혈통에서 나셨습니까? (⇨롬 1:3)

(답) _다윗_

---

### 본 문 2

**3.** 이와같이 신성과 인성이 결합되신 주 예수님은 성별되셨고 성령을 한없이 받으셨다. 그와 동시에 지혜와 지식의 모든 영적 보화가 있었고, 아버지의 기뻐하시는 뜻대로 모은 은혜가 충만하였다. 그의 직무는 스스로 취한 것이 아니고 아버지께서 불러 세우셔서, 모든 권능과 심판을 그의 수중에 맡기시고 수행하시도록 명하신 것이다(마 28:18, 요 5:22, 행 2:36, 히 7:26).

**4.** 주 예수님께서는 이 직분을 자원하는 마음으로 받아들이시고, 이 직분을 이행하기 위하여 율법 아래 나셔서 율법을 완성하셨다. 그의 영혼으로 직접 극도의 고뇌를 견디셨고, 육신으로 십자가에 달리셔서 고통을 당하셨다. 그는 무덤에 장사되었지만 삼 일만에 부활하셔서 죽음의 권세가 그를 엄습하지 못하게 하셨다. 승천하셔서 하나님 아버지의 우편에 앉아 계시면서 중보의 기도를 올리시며, 세상 끝날에는 재림하셔서 사람과 악한 천사들을 심판하실 것이다(마 26:37, 행 1:11, 갈 4:4, 빌 2:8).

제8장 중보자이신 그리스도에 관하여 47

## 중요한 이해 문제

1. 그리스도 안에는 무엇이 감추어져 있습니까? (⇨골 2:3)

   (답) 지혜의 지식과 모든 보화

2. 그리스도 안에는 무엇이 충만합니까? (⇨요 1:14)

   (답) 은혜와 진리

3. 그리스도는 중보자의 직분을 누구를 위하여 취하신 것입니까? (⇨히 7:26)

   (답) 사람들

4. 아버지께서 아들에게 심판을 다 맡기신 목적이 무엇입니까? (⇨요 5:22,23)

   (답) 아버지를 공경하듯이 아들을 공경케 하기 위해

5. 그리스도께서는 하나님께 무엇을 받으셨습니까? (⇨마 28:18)

   (답) 하늘과 땅의 모든 권세

6. 예수께서 율법아래 나신 목적은 무엇입니까? (⇨마 5:17)

   (답) 완성케 하기 위해

7. 예수께서 이루신 일들을 차례대로 써보십시오.

   (답) 본문 참고

**8.** 지금은 예수께서 어디에 계십니까? (⇨막 16:19)

(답) _하나님 우편_

**9.** 지금 예수님은 무슨 일을 하고 계십니까? (⇨롬 8:34)

(답) _우리를 위하여 간구_

**10.** 예수께서는 끝날에 무슨 일을 하실 것입니까? (⇨요 5:28,29)

(답) _선한 일을 행한 자 - 생명의 부활_
_악한 일을 행한 자 - 심판의 부활_

## 본 문 3

**5.** 주 예수께서는 하나님께 완전히 순종하셨고, 영원하신 성령으로 말미암아 자기를 하나님께 희생 제물로 단번에 바치셨다. 이렇게 하심으로 아버지의 공의를 충분히 만족케 하셨고, 하나님과 그 백성들 사이에 화목을 이루셨다. 그리고 그에게 맡겨주신 모든 백성을 위하여 천국의 영원한 기업도 얻으셨다(요 17:2, 롬 5:19, 히 9:14).

**6.** 그리스도의 구속 사역은 그가 성육신하기 전에는 실제로 실현되지 않았다. 그러나 그 사역의 공덕과 효과와 혜택은 모든 시대에 살고 있었던 택한 백성들에게 계속 전달되어 내려왔다. 그 전달 방법은 하나님의 약속과 예표, 그리고 희생 제물이었다. 성육신 전에는 뱀의 머리를 상하게 한 여자의 후손인 오실 예수님과 창세 전부터 작정된 어린 양을 통하여 구원받도록 계시되어 있었다(창 3:15, 갈 4:4).

## 중요한 이해 문제

1. 예수께서는 어떻게 하나님의 공의를 만족시켰습니까? (⇒롬 5:19)

   (답) _순종하므로_

2. 예수께서는 나누어진 하나님과 사람들 사이를 어떻게 하셨습니까? (⇒골 1:19,20)

   (답) _십자가의 피로 화평을 이루는 화목제가 됨_

3. 예수께서는 우리가 무엇을 얻도록 하셨습니까? (⇒요 17:2, 엡 1:11)

   (답) _영생, 기업_

4. 그리스도 구속의 공효는 언제부터 전달되었습니까? (⇒창 3:15)

   (답) _성육신 전 뱀의 머리를 상하게 할 때부터_

5. 그리스도는 무엇들로 자기를 계시하셨습니까? (⇒히 9:9,10)

   (답) _장막_

6. 그리스도는 어떤 존재로 자기를 계시하셨습니까? (⇒요 1:29)

   (답) _하나님의 어린 양_

## 본 문 4

**7.** 그리스도는 그 중보 사역에 있어서 두 성품, 신성과 인성을 행하시는데, 각기 그 성품의 고유한 것만 행하신다. 그러나 한 인격 안에 통일되어 있었으므로 한 성품의 고유한 것이라도 때로는 다른 성품에 소속되는 것으로 나타난다(행 20:28, 벧전 3:18).

**8.** 그리스도께서는 그가 값을 치루고 속량한 사람들에게 그 은혜를 확실히 전달하신다. 그 전달은 하나님 우편에서의 중보 기도와 이미 계시한 말씀을 통하여, 그리고 성령의 감동하심과 전능하신 능력과 지혜로 그 원수를 정복하심으로 이루어 지는 것이다(요 6:37, 요일 2:1).

## 중요한 이해 문제

**1.** 그리스도의 두가지 성품이란 무엇입니까?(⇒골 2:9)

(답) _인성과 신성_

**2.** 예수님의 육체가 죽임을 당했을 때, 영은 어떻게 되었습니까??
(⇒벧전 3:18)

(답) _살리심을 받았다._

**3.** 예수께서는 어떻게 우리를 인도하십니까?(⇒요 10:27,28)

(답) _영생을 주므로 멸망치 않게_

**4.** 예수께서는 구원의 오묘를 무엇을 통하여 나타내셨습니까?(⇒요일 1:1)

(답) _생명의 말씀_

**5.** 우리를 효과적으로 순종하도록 설득하고 가르친 분은 누구입니까? (⇨요 16:13)

(답) _진리의 성령_

**6.** 그리스도께서는 어떻게 원수를 정복하셨습니까? (⇨고전 15:20)

(답) _부활_

**7.** 구속의 효과는 어떻게 전달되었습니까? (⇨고전 15:25)

(답) _원수를 정복하므로_

---

**참고**

### 1. 중보자에 대하여

그리스도의 사역을 말할 때 으레히 그것을 중보자의 역할이라고 일컫는다. 이 중보자의 역할로서 다음 삼중직을 말하는 것이 통례로 되어있다.

① 선지적—구약 성경은 그리스도를 선지자라고 지칭했다(신 18:15). 실제로 그리스도는 자신을 선지자라고 말씀했고 자기는 성부로부터 사신을 가져 왔다고 말씀했으며, 미래의 사건들을 예언하셨고, 따라서 독특한 권위로 말씀하셨다.

② 제사직—구약 성경은 그리스도를 또 제사장이라고 지칭했다(시 110:4). 더우기 구약 성경의 대제사장은 제사적 메시야를 명백히 예표하였다. 신약 성경에는 특히 히브리서에서 그리스도를 대제사장이라고 불렀다.

③ 왕직—하나님의 아들이신 그리스도는 자연적으로 모든 피조물 위에 가지시는 하나님의 주권에 참여하신다. 이 왕권은 그의 신성에 기초를 두고 있다.

### 2. 그리스도의 명칭

① 예수—이 이름은 단순히 히브리어의 여호수아(Jehoshua)란 이름의 희랍적 표현이며, 그것은 「구원한다」(to save)는 의미를 가지고 있다.

② 그리스도—이는 「기름부음 받은 자」(the anointed one)라는 뜻으로 구약의 메시야란 이름과 꼭 같은 말이다. 구약시대에 왕과 제사장은 기름 부음을 받았었다 (출 29:7, 레 4:3, 사 9:8, 삼상 9:16, 10:1).

# 제 9 장
# 자유의지에 관하여
## of Free Will

### 본 문 1

**1.** 하나님께서는 인간에게 자유의지를 주셨다. 그러므로 외적으로 선이나 악을 행하도록 강요받지 않으며, 필연적인 본성으로 말미암아 선이나 악을 행하도록 결정된 것도 아니었다(행 7:51, 약 1:14).

**2.** 인간은 무죄한 상태에서 선행과 하나님을 기쁘시게 할 자유와 능력이 있었지만 그 상태에서 타락할 수 있는 가능성도 있었다(창 1:26, 창 2:16, 전 7:29).

**3.** 인간은 죄를 범하고 타락함으로 말미암아 구원에 이르는 영적인 선을 즐겨 행할 수 있는 능력을 상실하고 말았다. 그러므로 그 후손들도 거듭나지 않고는 영적인 선을 행하기 싫어하고, 죄로 죽은 자가 되었으며 자신의 힘으로는 회개할 수 없게 되었다(롬 3:10~12, 롬 5:6, 엡 2:2~5).

### 중요한 이해 문제

1. 죄인에게도 의지의 자유가 있습니까?(⇒행 7:51)

    (답) 조상과 똑같다.

## 제9장 자유의지에 관하여

**2.** 참 자유는 누가 주는 것입니까? (⇨요 8:31,32)

(답) _예수_

**3.** 우리는 영생을 얻기 위하여 우리의 자유를 어떻게 선용해야 합니까? (⇨요 5:40)

(답) _예수께 나아가야 한다._

**4.** 사람에게는 무죄한 상태가 있었습니까? (⇨전 7:29)

(답) _하나님은 사람을 정직하게 지으셨다._

**5.** 무죄한 상태에서 사람이 자유를 어떻게 쓸 수 있습니까? (⇨창 1:26)

(답) _모든 피조물을 다스릴 수 있었다._

**6.** 사람은 왜 자유의 능력을 가지고도 타락하게 되었습니까? (⇨창 2:16,17)

(답) _하나님 말씀을 거역했기에_

**7.** 사람이 타락하게 됨으로 사람의 의지는 어떻게 되었습니까? (⇨롬 5:6, 8:7)

(답) _구원에 이르는 영적 선을 행할 수 있는 능력 상실_

**8.** 왜 자연인은 선을 싫어하게 되었습니까? (⇨롬 3:23)

(답) _전을 변하였기 때문_

**9.** 왜 사람은 스스로 회심할 수 없습니까? (⇨고전 2:14)

(답) _하나님의 성령의 일을 받지 않았기 때문_

**10.** 진정한 회심은 어떻게 이루어집니까?(⇨딛 3:3~5)

(답) <u>중생의 씻음과 성령의 새롭게 하심</u>

## 본 문 2

**4.** 하나님께서 죄인에게 회개를 시키고 은혜를 받게 하셨을 때, 그 죄인을 본래의 멍에에서 해방시켰다. 그리고 그로 하여금 영적 선을 자유롭게 행할 수 있도록 한 것도 오직 하나님의 은혜이다. 그러나 그 속에는 여전히 부패성이 남아 있기 때문에, 완벽하게 선한 것만을 추구하지 않고 때로 악한 것도 원한다(롬 6:18, 빌 2:13, 골 1:13).

**5.** 인간은 장차 영화롭게 된 상태에 이를 때만 완벽하고 변함없이 선한 것만 원하게 된다(엡 4:14, 유 24).

### 중요한 이해 문제

**1.** 누가 죄인을 회심시킵니까?(⇨골 1:12,13)

(답) <u>성령</u>

**2.** 사람이 회심케 되면 그 결과는 어떻게 됩니까?(⇨요 8:34,36)

(답) <u>참으로 자유케 된다.</u>

제9장 자유의지에 관하여  55

**3.** 사람으로 하여금 영적 선을 자유롭게 행할 수 있도록 만드는 것은 무엇입니까?(⇨빌 2:13)

(답) <u>하나님의 기쁘신 뜻(은혜)</u>

**4.** 죄인이 회심케 되면 곧 완전한 자유에 이르게 됩니까?(⇨갈 5:17)

(답) <u>아니다(육체의 소욕은 성령을 거스르게 한다).</u>

**5.** 중생한 사람도 악을 원하는 것은 무슨 까닭입니까?(⇨롬 7:14,15)

(답) <u>육신에 속하여 있기에</u>

**6.** 사람이 어떻게 된 때에야 완전한 자유를 가질 수 있습니까?(⇨엡 4:13)

(답) <u>그리스도의 성장한 분량까지 이를 때</u>

**7.** 우리는 완전한 상태를 위하여 어떻게 해야 합니까?(⇨요일 3:2,3)

(답) <u>주를 향한 소망을 가져야 한다.</u>

---

**참고**

### 회심과 신앙의 관계

성경에는 진정한 회심에 대하여 여러 실례를 보여 주고 있는데, 그 중 바울의 회심은 대표적인 것이다(행 9:5 이하).
이 회심은 중생의 외부적 표현, 혹은 죄인의 의식생활에서 일어나는 변화이다.

성경적 신앙은 중생한 생활에 그 뿌리를 박고 있는 구원적 신앙을 말한다. 그리고 이 신앙이 없이는 진정한 회심도 중생도 이루어질 수 없다. 그런 의미에 있어 회심과 신앙은 상호 절대보완적 관계라고 말할 수 있다.

# 제 10 장
# 효과있는 부르심에 관하여
## of Effectual Calling

### 본 문 1

**1.** 하나님은 영생 주시기로 예정된 사람들에게 그의 정하신 적당한 때에 효과적으로 부르신다. 죄와 사망에 빠진 그들에게 말씀과 성령으로 부르시고, 그리스도로 말미암아 은혜와 구원에 이르도록 하신다. 그 부르심을 통하여 영안이 밝아져 말씀을 깨닫게 하시고, 돌같이 굳은 마음을 제하시고 부드러운 마음을 주시고, 새로운 마음을 창조하시어 선한 방향으로 인도하신다. 인도하시되 효과적으로 그들을 이끌어 예수 그리스도에게 나오게 하시고, 그 은혜로 말미암아 자원하는 심령으로 나오게 하신다(요 6:44, 요 15:16, 딤후 1:9).

**2.** 이 부르심은 하나님의 값없고 특별한 은혜이지, 사람 안에서 일어날 어떤 능력을 보고 한 것은 아니다. 이것은 피동적이지만 성령의 권능으로 새롭게 변화되고 나면, 이 부르심에 응답하게 되고 전달된 은혜를 받아들일 수 있게 된다(롬 9:11, 엡 2:4,5).

### 중요한 이해 문제

**1.** 누가 부르심을 받게 됩니까?(⇒요 15:16)

(답) _택함을 받은 자_

2. 무엇을 통해서 부르십니까?(⇨살전 2:13)

   (답) 하나님의 말씀

3. 부르신 목적은 무엇입니까?(⇨살후 2:13)

   (답) 성령의 거룩하게 하심과 진리를 믿으므로 구원을 얻기 위해

4. 부르신 다음 어떻게 하십니까?(⇨겔 36:26)

   (답) 새영을 통해서 새마음을 주므로 부드러운 마음을 갖게 함.

5. 부르심을 받는 자의 의지는 어떻게 됩니까?(⇨시 51:10)

   (답) 정한 마음을 창조하고 정직한 영을 새롭게 함

6. 누가 부르십니까?(⇨요 6:44)

   (답) 아버지 하나님

7. 어떻게 자발적으로 나아 갈 수 있게 됩니까?(⇨요 6:37)

   (답) 나아 갈 수 없다. (아버지께서 믿음 주셔야 나아갈 수 있다)

8. 효과있는 부르심은 하나님의 은혜입니까, 사람의 행위로도 가능합니까?(⇨딤후 1:9)

   (답) 사람의 행위 대로가 아니라 예수 안에서 주신 은혜

9. 사람이 성령으로 새롭게 되기 전까지는 어떤 상태에 머물러 있게 됩니까?(⇨고전 2:14)

   (답) 미련하게 보여 깨닫지도 못한 상태

## 본 문 2

**3.** 어려서 죽은 택함받은 유아들은 성령을 통하여 그리스도로 말미암아 구원을 받는다. 성령님은 원하시는 대로 언제든지 어디서나 어떤 방법으로든지 역사하신다. 말씀을 통하여 부르심을 받을 수 없었던 모든 택한 자들도 이와같은 원리에 적용된다(눅 18:15, 요 3:3, 행 2:38, 행 4:12).

**4.** 택함을 받지 못한 자들은 말씀으로 전도를 받고 성령의 일반적인 활동에 영향을 입는다 하더라도 참되게 그리스도 앞으로 나올 수 없고 구원받을 수도 없다. 기독교의 진리를 믿지 않는 자는 어떤 방법으로도 구원받을 수 없는 것이다. 가령 그들이 고백하는 어떤 종교의 율례대로 부지런히 실천했다 하더라도 구원받을 수 없으며, 그런 자들이 구원받을 수 있다고 주장하는 것 역시 치명적이고 가증한 것이다(엡 2:12,13, 고전 16:22).

### 중요한 이해 문제

**1.** 유아들은 누구를 통하여 중생되고 구원을 받게 됩니까?(⇒요 3:3)

(답) _성령을 통해서 예수 그리스도로 말미암아_

**2.** 성령의 역사는 자유롭습니까, 제한을 받습니까?(⇒요 3:8)

(답) _바람이 임의로 불듯이 자유롭다._

**3.** 택함을 받은 자가 말씀의 외적 부름을 받을 능력이 없었던 경우엔 어떻게 됩니까?(⇒행 2:38)

(답) _예수 그리스도의 이름으로_

**4.** 택함을 받지 못한 사람들에게는 성령의 활동이 전혀 없습니까?
(⇨마 7:22)

(답) __아니다.__

**5.** 택함을 받지 못한 자들이 구원을 받지 못한 까닭은 무엇입니까?
(⇨요 6:64~68)

(답) __아버지께서 오게 하여 주시지 아니하시까__

**6.** 기독교 밖에서도 구원이 있습니까? (⇨행 4:12)

(답) __다른 이(예수)로서는 구원을 얻을 수 없다.__

**7.** 다른 종교인들의 열심은 어떤 효과가 있으며 그 결국은 어떻게 됩니까? (⇨갈 5:4, 고전 16:22)

(답) __구원 받을 수도 없고 저주를 받는다.__

> **참 고**
>
> ### 1. 외적 소명에 대하여
>
> 외적 소명이란 죄인들에게 그리스도의 구원을 선포하고 제시하여 사죄와 영생을 얻기 위해서는 믿음으로 그리스도를 받아드려야 한다고 권고하는 일이라 할 수 있다. 이 외적 소명에는 두가지 특징이 있다. 그 하나는 복음을 듣는 사람에게는 모두 아무 차별없이 온다는 것과 그 소명은 하나님의 신실성에서 나온 것이기 때문에, 신뢰할 수 있는 것이라는 점이 그것이다. 하나님께서 복음을 통하여 죄인을 부르실 때 그는 선한 뜻으로 부르시며, 또한 죄인이 예수 그리스도를 믿으라는 초청을 받아드릴 것 원하시는 것이다.
>
> ### 2. 내적 소명에 대하여
>
> 성령의 역사를 통하여 외적 소명은 내적 소명에서 그 효력과 결실을 두게 된다. 그러므로 엄밀한 의미에서 보면 두 가지 소명은 결국 하나의 소명인 것이다.
> 내적 소명은 하나님의 말씀이 구원에 대하여 적용된 소명이며, 이것은 결국 구원을 이루도록 만드는 소명이며, 어떤 경우에도 취소되거나 변개될 수 없는 소명이다.

## 제 11 장
## 의롭다 하심에 관하여
### of Justification

**본 문 1**

**1.** 하나님께서는 효과있게 부르신 이들을 또한 값없이 의롭게 하셨다. 그들이 무엇을 행하였기 때문이 아니라, 순전히 그리스도의 은혜로 말미암은 것이다. 그들의 신앙적인 행동이나 순종 그 자체를 보고 의롭다고 하신 것이 아니라, 그리스도께서 그들을 대속하기 위하여 순종하신 것과 하나님의 공의를 만족하게 하신 것을 보시고 의롭다고 해 주신 것이다. 그리고 믿음으로 그리스도를 영접하고 그 분을 의지하므로 의롭게 된 것이다. 이 믿음은 그들의 행위에서 나온 것이 아니라 하나님의 선물이다(롬 8:30, 고전 1:30, 빌 3:9).

**2.** 이와같이 믿음은 그리스도를 영접하고 의롭다 함을 받는 유일한 방편이다. 그러나 그 믿음이 어떤 심리 상태로만 고립되어 있는 것이 아니라, 구원 성취에 필요한 다른 은사들이 믿음의 열매로 함께 작용한다. 그래서 믿음은 홀로 떨어져 있지 않고 사랑으로 역사한다(요 1:12, 롬 3:28, 갈 5:6).

### 중요한 이해 문제

**1.** 하나님께서 누구를 값없이 의롭다 하셨습니까?(⇨롬 8:30)

(답) _정하여 부르신 그들(택자)_

**2.** 사람이 스스로 의로울 수 있습니까?(⇨롬 3:10)

(답) _의인은 하나도 없다._

**3.** 사람의 신앙 행동은 의롭게 되는데 어떤 역할을 합니까?(⇨롬 3:28)

(답) _믿음으로_

**4.** 결국 사람은 누구의 행동으로 의롭게 됩니까?(⇨고후 5:21)

(답) _그리스도가 우리를 위해 죽으심으로_

**5.** 사람이 의롭게 되는데 결정적으로 필요한 것은 무엇입니까?(⇨롬 4:5, 갈 2:16)

(답) _예수 그리스도를 믿음으로_

**6.** 사람이 의롭게 되는 것이 왜 하나님의 선물입니까?(⇨엡 2:7,8)

(답) _예수 안에서 자비와 은혜_

제11장 의롭다 하심에 관하여

**7.** 믿음의 필요성과 가치를 설명하십시오 (⇒롬 3:28, 5:1)

(답) 의롭다 하심을 얻기 위해서다.
하나님과 더불어 평화를 누린다.

**8.** 행동이 얼마나 중요한가를 생각해 봅시다 (⇒갈 6:7)

(답) 심는 대로 거두는 법칙

## 본 문 2

**3.** 그리스도는 그의 순종과 대속의 죽음을 통하여 의롭게 된 사람들의 죄의 빚을 청산해 주셨고, 그로 말미암아 죄를 반드시 벌해야 하는 아버지의 공의도 만족하게 하셨다. 성부께서는 값없이 그들에게 그리스도를 주셨을 뿐 아니라, 그들의 죄를 속량하는 그리스도의 순종을 그들 대신에 받으셨다. 이것은 그들의 행위로 말미암은 것이 아니라 하나님의 거저 주신 은혜이다. 하나님의 엄정하신 공의와 풍성하신 은혜는 죄인을 의롭다 하심으로써 영화롭게 된다 (롬 5:8~10, 딤전 2:5).

**4.** 하나님께서는 영원 전부터 택함받은 자들을 의롭게 하시려고 작정하셨다. 그리스도는 그 때가 찼을 때에 그들의 죄를 위하여 대신 죽으시고, 의롭게 하시려고 부활하셨다. 성령께서 적당한 때에 그리스도의 은혜를 받도록 하지 않고는 의롭게 될 수 없다 (골 1:21, 22, 벧전 1:2).

제11장 의롭다 하심에 관하여   63

## 중요한 이해 문제

1. 우리 죄의 빚을 갚아 준 것은 그리스도의 어떤 행동때문입니까? (⇒롬 5:8)
   (답) <u>십자가에 죽으심으로</u>

2. 한 사람의 순종으로 많은 사람이 의인이 된 것은 어떤 일과 대조가 됩니까?(⇒롬 5:19)
   (답) <u>한 사람이 순종치 않음으로 죄인된 것(아담).</u>

3. 그리스도의 죽음은 무엇을 만족시켰습니까?(⇒고후 5:21)

   (답) <u>하나님의 의</u>

4. 우리가 하나님의 은혜로 값없이 의롭다 하심을 얻게 된 근거는 무엇입니까?(⇒롬 3:24)
   (답) <u>예수 안에 있는 구속</u>

5. 왜 사람은 자랑할 것이 없습니까?(⇒롬 3:26,27)

   (답) <u>믿음의 법으로 의롭게 했기에</u>

6. 하나님은 언제부터 택함받은 자들을 의롭게 하시려고 작정하셨습니까?(⇒갈 3:8)
   (답) <u>아브라함</u>

7. 그리스도의 죽음과 부활은 실제적으로 우리에게 어떤 효과를 주게 됩니까?(⇒롬 4:25)
   (답) <u>의롭게 했다.</u>

8. 사람은 어느 때부터 의롭게 됩니까?(⇒딛 3:4~7)

   (답) <u>중생의 씻음과 성령의 새롭게 하심.</u>

## 본 문 3

**5.** 하나님은 의롭다 하신 자들의 죄를 계속해서 용서하신다. 그들이 의롭게 된 상태라 하더라도 죄로 말미암아 다시 하나님의 노여움을 살 수도 있다. 이런 경우에는 그들이 겸손하여 자신의 죄를 고백하고 용서를 구하며 회개해야 한다. 그렇게 하기 전에는 하나님의 영광된 얼굴을 다시 뵈올 수 없다(마 6:12, 요 10:28, 요일 1:7, 9).

**6.** 구약의 제도 아래 있었던 신자들이 의롭게 된 것과 신약 시대의 신자들이 의롭게 된 것은 동일한 이치이다(롬 4:22~24, 갈 3:9, 히 13:8).

### 중요한 이해 문제

**1.** 하나님의 용서는 한번만 적용됩니까, 아니면 계속적으로 적용됩니까?(⇒마 18:21,22)

(답) 끝없이

**2.** 의롭다 함을 받은 상태에서도 죄를 지을 수 있습니까?(⇒히 6:5, 6)

(답) 재회심의 기회가 있다.

**3.** 신자가 죄를 지으면 어떻게 됩니까?(⇒눅 22:32)

(답) 믿음이 떨어지지 않게 기도해야 한다.

4. 신자는 이미 용서받은 사람이기 때문에 죄를 지어도 괜찮습니까? (⇨요일 1:9)

   (답) <u>아니다(자백, 회개하는 자에게 처용서).</u>

5. 만약 죄를 지으면 어떻게 해야 합니까? (⇨시 51:7~12)

   (답) <u>고백하고 용서를 구하며 회개해야 한다.</u>

6. 구약시대의 신자들은 어떻게 의롭게 되었습니까? (⇨갈 3:9)

   (답) <u>오실 예수 그리스도를 믿음으로 말미암아</u>

> **참고**
>
> **칭의란**
> 칭의란 하나님께서 예수 그리스도의 완전한 의를 근거하여 죄인을 의롭다고 선언하시는 하나님의 법적행위를 가리키는 말이다. 그러나 그것은 결코 중생이나 회심, 그리고 성화와 같은 과정을 두고 그 가치를 인정하는 따위는 아니다. 그리고 그것은 죄인의 상태가 아니라 그의 신분에 미치는 영향을 두고 일컫는 말이다. 그야말로 죄인임에도 불구하고 그리스도의 의로서 의롭게 여겨지는 일이다.

# 제 12 장
# 양자에 관하여
## of Adoption

### 본 문 1

**1.** 하나님께서 의롭다 함을 칭한 모든 사람들은 독생자 예수 그리스도 안에서 또한 그를 위하여 양자가 되게 하시는 은혜에 참여할 수 있도록 허락하셨다. 양자가 되므로 그들은 하나님 자녀의 수에 들어가게 되며, 또한 하나님의 자녀가 받을 수 있는 자유와 특권을 누리게 되었다. 그들은 하나님의 이름을 그들 자신에게 기록하며 양자의 영을 받고, 담대하게 은혜의 보좌앞에 나갈 수 있으며, 아바 아버지라고 부를 수 있으며, 불쌍히 여김과 보호를 받으며, 필요한 것을 공급받으며, 아버지로부터 징계를 받는 것과 같이 하나님께 징계를 받는다. 그러나 그들은 결코 버림을 받지 않고 오히려 구속의 날에 인침을 받으며, 영원한 구원의 후사로서 약속을 받는다(엡 1:5, 롬 8:17, 갈 4:6, 시 103:13, 마 6:30, 히 12:6).

### 중요한 이해 문제

**1.** 하나님은 누구 안에서 우리를 아들들로 삼았습니까? (⇨엡 1:5)

(답)  예수 그리스도

제12장 양자에 관하여  67

2. 어떤 사람이 하나님의 자녀가 되는 특권을 가지게 됩니까?(⇨요 1:12)

    (답) <u>영접하는 자, 그 이름을 믿는 자</u>

3. 하나님의 자녀는 무엇을 받게 됩니까?(⇨롬 8:17)

    (답) <u>영광을 위한 고난</u>

4. 하나님의 자녀는 어떤 영을 받게 됩니까?(⇨롬 8:15)

    (답) <u>양자의 영</u>

5. 하나님의 자녀는 하나님 앞에 어떻게 나아갈 수 있습니까?(⇨엡 3:12)

    (답) <u>담대함과 당당히</u>

6. 우리는 하나님의 자녀가 되었기 때문에 하나님을 어떻게 부를 수 있습니까?(⇨갈 4:6)

    (답) <u>아바 아버지</u>

7. 하나님의 자녀에게 부족한 것은 무엇입니까?(⇨마 6:30,32)

    (답) <u>믿음</u>

8. 징계는 하나님의 자녀에게 어떤 의미가 있습니까?(⇨히 12:6)

    (답) <u>사랑의 의미</u>

9. 하나님의 자녀가 하나님으로 부터 버림받는 일이 있습니까?(⇨애가 3:31)

    (답) <u>영원토록 버리지 않는다.</u>

10. 하나님 자녀의 구원은 어떻게 보장됩니까? (⇨엡 4:30)

(답) __인치시므로__

11. 하나님의 자녀는 어떻게 살아야 합니까? (⇨히 6:12)

(답) __게으르지 않고 믿음과 인내로 약속을 바라면서__

12. 하나님 자녀가 받는 기업의 특징은 무엇입니까? (⇨벧전 1:4)

(답) __썩지 않고, 더럽지 않고, 쇠하지 않는 기업__

> **참고**
>
> 징계에 대하여
>
> 성경에는 징계의 사례가 많이 기록되어 있다. 특히 히브리서 12:5~13에는 징계의 목적이 뚜렷하게 기록되어 있다. 징계는 아버지 하나님의 사랑에서 비롯된다.
> 그리고 그 목적은 아들을 바르게 고치는데 있다. 그러므로 징계가 그 당시는 아프더라도 아들은 이를 참고 달게 받는 숭엄한 태도를 가져야 한다. 결국 징계를 통하여 아들에게 의의 평강을 가져다 주기 때문이다.

# 제 13 장
# 성화에 관하여
## of Sanctification

### 본 문 2

1. 효과있게 부르심을 받고, 새 마음과 새 영으로 지음 받음으로 중생을 입은 사람들은 그리스도의 죽음과 부활의 공로를 통하여 그들 안에 있는 하나님 말씀과 성령으로 말미암아 실제로 또한 인격적으로 성화된다. 몸 전체를 지배하던 죄의 권세는 파괴되고, 그 죄에서 나타나는 여러가지 욕심은 점점 약해져서 죽고 그들은 모두 구속적 은혜안에서 참다운 거룩한 행동을 실천하기 위하여 점점 소생되며 강화되는데 그것없이는 아무도 주를 볼 수 없다(행 20:32, 요 17:17, 롬 6:6, 갈 5:24, 골 1:11, 고후 7:1).

### 중요한 이해 문제

1. 그리스도의 십자가는 사람의 중생에 어떤 영향을 미치게 됩니까?(⇨롬 6:6)

    (답) 죄의 몸이 멸하게 하고 죄에 종노릇하지 못하게

2. 중생한 사람은 무엇으로 말미암아 인격적으로 성화됩니까?(⇨살후 2:13)

    (답) 성령의 거룩하게 하심

**3.** 신자는 자기 육체와 함께 무엇들이 십자가에 못박히게 됩니까?
(⇨갈 5:24)

(답) _정과 욕심_

**4.** 중생한 사람은 그 행동이 어떻게 변화됩니까?(⇨골 1:11)

(답) _기쁨과 참음과 인내의 삶_

**5.** 어떤 사람이 하나님의 얼굴을 볼 수 있습니까?(⇨히 12:14)

(답) _인간들과의 화평함과 거룩함을 쫓는 자_

---

### 본 문 2

**2.** 이 성화는 전 인격에 미치나 이 세상에서는 아직 불완전하다. 육의 모든 부분에는 약간의 부패한 부분이 아직도 남아 있어서 그로 인하여 계속적이고 화해할 수 없는 싸움이 일어남으로 육은 영을 거스리고 영은 육을 거스린다(살전 5:23, 요일 1:10, 롬 7:18, 갈 5:17, 벧전 2:11).

**3.** 이 싸움에서 남아 있는 부패성이 잠시동안 우세하나, 그리스도의 성결하게 하는 성령으로 부터 계속적으로 힘을 공급 받음으로 중생한 편이 이기게 된다. 그러므로 성도는 은혜안에서 장성하고 하나님을 경외함으로 거룩함을 온전히 이룬다(롬 7:23, 요일 5:4, 벧후 3:18, 고후 3:18, 고후 7:1).

## 중요한 이해 문제

1. 성화는 인간의 어느 부분에 까지 그 영향을 미치게 됩니까? (⇨살전 5:23)

    (답) _전인격(영과 혼과 몸)_

2. 이 세상에 사는 육체안에는 아직도 어떤 부분이 남아 있습니까? (⇨롬 7:18,20)

    (답) _선을 행하지 아니하는 것들_

3. 영과 육은 왜 서로 대적합니까? (⇨갈 7:17)

    (답) _퍼_

4. 신자가 거룩해지는 비결은 무엇입니까? (⇨요 17:17)

    (답) _하나님의 말씀_

5. 깨끗해지려는 사람이 가져야 할 것은 무엇입니까? (⇨요일 3:2~3)

    (답) _하나님의 자녀라는 사실_

6. 죄가 신자를 주관하지 못하는 이유는 무엇입니까? (⇨롬 6:14)

    (답) _은혜 아래 있기 때문_

7. 성화를 위하여 우리의 할 일은 무엇입니까? (⇨고후 7:1)

    (답) _영육 안에 있어서 깨끗게 해야 한다._

**참 고**

고린도후서 7:1의 주석

위의 성구는 신자의 인격 전체가 정결해야 될 것을 가리킨다.
① 하나님이 우리와 함께 계셔 주겠다는 약속을 믿고 자신을 깨끗이 하자.
② 하나님을 두려워 하므로 우리 자신을 깨끗이 하자.
③ 육과 영의 온갖 더러운 것에서 자신을 깨끗이 하자.

# 제 14 장
## 구원에 이르게 하는 믿음에 관하여
### of Saving Faith

**본 문 1**

1. 택한 백성들의 믿음의 은사는 그들 마음 속에 계시는 그리스도 영의 역사이며, 일반적으로 말씀의 사역을 통해서 이루어진다. 또한 성례전을 집행하고 기도함으로써 증가되고 강화된다(히 10:39, 고후 4:13, 롬 10:14,17, 벧전 2:2, 행 20:32).

2. 이 믿음으로써 신자는 무엇이든지 말씀안에서 계시된 것은 참된 것으로 믿게 된다. 왜냐하면 하나님의 권위가 그 안에서 말씀하시기 때문이다. 그리고 신자는 각 귀절에 포함되어 있는 내용에 따라서 각각 다른 모양으로 역사하는데 계명에 순종하고 경고에 대해 두려워 떨며, 현세와 내세를 위한 하나님의 약속을 받는다. 그러나 구원에 이르게 하는 믿음의 주요한 행위들은 신자들로 하여금 은혜 약속의 힘으로 의롭게 되는 것과 성화와 영생을 얻게 하기 위해 그리스도만 영접하고 그만 의지하는 것이다(요 4:42, 살전 2:13, 행 24:14, 롬 16:26, 사 66:2, 요 1:12).

## 중요한 이해 문제

1. 무엇이 영혼을 구원함에 이르게 합니까? (⇒히 10:39)

   (답) _믿음_

2. 말씀과 믿음은 어떤 관계 입니까? (⇒롬 10:14,17)

   (답) _믿음은 말씀으로 말미암는다._

3. 복음에는 어떤 능력이 있습니까? (⇒롬 1:16)

   (답) _믿는 자에게 구원_

4. 신자가 말씀 안에서 계시된 것을 참된 것으로 믿는 까닭은 무엇입니까? (⇒요일 5:10)

   (답) _자기 안에 믿음의 증거가 있기에_

5. 우리는 말씀을 들을 때 누구의 말씀으로 받아 들여야 합니까? (⇒살전 2:13)

   (답) _사람의 말이 아니라 하나님의 말씀으로_

6. 우리는 무엇에 순종해야 합니까? (⇒롬 16:26)

   (답) _선지자의 글(계시된 말씀)_

7. 우리는 말씀의 경고에 대하여 어떤 태도를 가져야 합니까? (⇒사 66:2)

   (답) _마음이 가난하고 심령이 통회하는 마음_

제14장 구원에 이르게 하는 믿음에 관하여

8. 현세와 내세에 유익한 훈련은 무엇입니까?(⇨딤전 4:8)

(답) _경건_

9. 신자가 의롭게 되고 영생을 얻기 위하여 가장 필요한 일은 무엇입니까?(⇨갈 2:20)

(답) _하나님 아들을 믿는 믿음_

## 본 문 2

**3.** 이 믿음은 정도에 있어서 강약의 차이가 있으므로 종종 여러 가지 모양으로 공격을 당해 약하여지기도 하나 마침내 이긴다. 우리의 믿음이 창조자와 완성자이신 그리스도를 통하여 완전한 확신을 얻는데 이르기까지 여러가지 모양으로 장성한다. 그리스도는 우리 신앙의 주관자시요, 완성자가 되신다(히 5:13, 롬 4:19, 마 6:30, 눅 22:31, 히 6:16, 골 2:2).

### 중요한 이해 문제

1. 인간이 대적의 공격을 당하는 까닭은 무엇입니까?(⇨눅 22:31,32)

(답) _믿음이 떨어질 때_

2. 신자가 마침내 이기게 되는 까닭은 무엇입니까?(⇨요일 5:4)

(답) _하나님께로서 난 자이기 때문_

3. 신자의 신앙 성장이 한결 같지 않는 것은 무슨 까닭입니까?(⇨히 6:11~12)

   (답) __부지런함의 차이__

4. 우리 신앙의 주관자요 완성자는 결국 누구입니까?(⇨히 12:2)

   (답) __예수 그리스도__

# 제 15 장
# 생명에 이르는 회개에 관하여
## of Repentance unto Life

### 본 문 1

**1.** 생명에 이르는 회개는 복음으로 말미암은 은혜이다. 그리스도를 믿는 믿음의 교리에 관한 것과 마찬가지로 복음을 전파하는 모든 전도자들은 이 회개에 관한 교리를 전파하여야 한다(슥 12:10, 행 11:18, 눅 24:47, 막 1:15, 행 20:21).

**2.** 이 회개로 말미암아 죄인은 자기의 죄가 위험한 것이라는 것뿐만 아니라 더럽고 추악한 것이며 그것이 하나님의 거룩하신 성품과 공의로운 율법에 반대되는 것을 느낀다. 또한 그 죄를 회개하는 사람에게는 그리스도 안에 있는 하나님의 자비를 베풀어 지시하는 것을 이해함으로써 자기의 죄를 슬퍼하여 미워하고 그 결과 죄에서 떠나 하나님께 향하게 된다. 그래서 하나님의 계명이 가르치는 모든 면에 있어서 하나님과 동행하는 것을 목적으로 또한 노력하게 된다(겔 18:30, 사 30:22, 욜 2:12, 암 5:15, 시 119:128).

**3.** 회개가 그리스도 안에 있는 하나님의 거저 주시는 은혜의 행동으로 얻어지는 죄사함 받음이나 용서의 근거는 될 수 없다. 회개는 모든 죄인에게 불가피한 것이므로 누구든지 회개하지 않고는 죄의 용서를 기대할 수 없다(겔 36:31, 호 14:2, 엡 1:17, 눅 13:3, 행 17:30).

제15장 생명에 이르는 회개에 관하여

## 중요한 이해 문제

1. 회개가 이방인에게 왜 은혜가 됩니까? (⇨행 11:18)

   (답) _하나님이 생명 얻는 회개를 주셨기에_

2. 전도에서 회개를 전해야 하는 이유가 무엇입니까? (⇨막 1:15)

   (답) _하나님 나라가 가까웠기 때문_

3. 회개하게 되면 죄가 어떠함을 알게 됩니까? (⇨겔 18:30,31)

   (답) _모든 죄가 떠난다._

4. 회개의 결과로 우리는 어떻게 느끼게 됩니까? (⇨시 51:4)

   (답) _순전함을 느낌_

5. 회개에 대한 하나님의 은총은 무엇입니까? (⇨사 55:6~7)

   (답) _긍휼함과 용서함._

6. 신자에게 회개가 절대 필요한 까닭은 무엇입니까? (⇨행 17:30,31)

   (답) _심판할 날이 있기에_

7. 형제의 죄에 대한 신자의 바른 태도는 무엇입니까? (⇨눅 17:3~4, 갈 6:1, 딤후 2:25)

   (답) _경계하고 용서하는 것_

## 제15장 생명에 이르는 회개에 관하여

### 본 문 2

**4.** 아무리 작은 죄라도 저주를 받는 대상이 안되는 죄가 없는 것과 같이 아무리 큰 죄라도 참으로 회개하는 자에게 까지 저주를 가져오는 죄는 없다(롬 6:23, 마 12:36, 사 55:7).

**5.** 누구든지 죄에 대해서 일반적인 회개를 했다고 해서 스스로 만족해서는 안된다. 도리어 죄 하나 하나에 대해서 철저히 회개하도록 노력하는 것이 모든 사람의 의무이다(시 19:13, 눅 19:8, 딤전 1:13,15).

**6.** 각자는 죄의 용서를 얻도록 기도함으로써 자기의 죄를 하나님께 개별적으로 고백해야 한다. 그렇게 함으로써 죄를 버리고 죄의 용서를 받게 되며 또한 자비를 얻을 것이다. 그러므로 형제나 그리스도의 교회를 중상한 사람은 사적으로든지 공적으로든지 자기의 죄에 대해 고백하고 사과함으로써, 중상을 당한 자에게 대해 자기의 회개를 발표하도록 해야 한다. 또 중상을 당한 사람은 회개를 통해 그와 화목하고 그를 사랑함으로써 용납해 주어야 한다(시 51:4~9, 잠 28:13, 요일 1:9, 약 5:16, 눅 17:3, 고후 2:8).

### 중요한 이해 문제

**1.** 작은 죄는 소홀하게 생각해도 됩니까?(⇒마 5:26)

(답) _호리라도 남김이 없어야_

2. 한 사람의 죄가 인류 전체에게 얼마나 큰 해악을 끼쳤는가를 살펴보십시오. (⇨롬 5:12)

   (답) _사망_

3. 하나님께서는 우리의 죄에 대하여 어떻게 하십니까? (⇨사 1:18)

   (답) _눈처럼 양털처럼 만들어 주심._

4. 신자에게 정죄함이 없는 까닭은 무엇입니까? (⇨롬 8:1,2)

   (답) _생명의, 성령의 법이 해방_

5. 우리의 죄를 누구에게 직접 고백해야 합니까? (⇨시 51:4,57,9)

   (답) _주_

6. 죄를 고백하면 그 결과는 어떻게 됩니까? (⇨요일 1:9)

   (답) _사하시며 깨끗게 됨._

7. 하나님께 죄를 고백한 후에 우리에게 피해를 당한 사람에게는 어떻게 해야 합니까? (⇨눅 17:3,4)

   (답) _용서해야_

8. 피해를 당한 사람은 가해자가 용서를 청하여 올 때 어떻게 해야 합니까? (⇨고후 2:8)

   (답) _사랑으로_

9. 죄를 고백한후 어떤 각오가 필요합니까? (⇨잠 28:6,7)

   (답) _율법(말씀)을 지키기로_

**10.** 죄를 숨기는 자는 어떻게 됩니까? (⇒잠 28:13)

(답) _형통치 못함_

> **참고**
>
> ### 회개에 대한 어원적 의미
>
> (1) 구약의 용어
> ① nicham—「후회하다」는 의미를 가지고 있다. 흔히 계획과 행동의 변화를 수반하는 회개를 가리킨다.
> ② shubh—「돌아오다」는 의미를 가지고 있다. 이는 회개의 매우 중요한 요소이다.
>
> (2) 신약의 용어
> ① metanoeo—마음의 변화를 가리킨다.
> ② epistrepho—「방향을 돌리다」「되돌아가다」는 등의 의미를 가지고 있다.
> ③ metamelomai—「후에 걱정거리가 되다」라는 의미를 가진 말이다. 회개의 요소를 강조한 말이다.

# 제 16 장
# 선행에 관하여
## of Good Works

### 본 문 1

**1.** 성령은 삼위일체 중의 제3위로서 성부와 성자로 부터 나오시고 본체는 같으시며 그 능력과 영광은 동등하시다. 또 성부 성자와 함께 계시며 모든 시대를 통해서 믿음과 사랑과 복종과 예배를 받고 계신다(시 104:30, 요 15:26, 창 1:2, 벧전 4:14).

**2.** 하나님의 계명에 순종함으로써 이루어지는 선행은 참되고 살아 있는 믿음의 열매이며 증거이다. 그리고 신자들은 그 선행을 통하여 자기들의 감사를 나타내고 확신을 굳게 하며, 형제의 신앙을 북돋아 주고 복음의 말씀을 존경하여 반대자들의 입을 막고 하나님을 영화롭게 한다. 그들은 하나님께서 지으시고, 예수 그리스도 안에서 창조된 것이므로 성화에 이르는 열매를 가지고 결국에는 영생을 얻게 될 것이다.(약 2:18, 시 116:12, 고후 9:2, 딤전 2:5, 벧전 2:15, 엡 2:10).

**3.** 신자들이 선행을 할 수 있는 능력은 결코 그들 자신에게서 나온 것이 아니고 전적으로 그리스도의 영으로 부터 나온 것이다. 또한 선을 행하려면 이미 받은 은혜 외에 그의 기뻐하시는 것을 원하고, 또 행할 수 있도록 그들 안에서 역사하시는 동일한 성령의 실제적 감화가 필요하다. 그렇다고 해서 성령의 특별한 역사가 없이는 무슨 의무라도 수행할 필요가 없는 것처럼 생각하여 태만에 빠

제16장 선행에 관하여

져서는 안된다. 오히려 그들 안에 있는 하나님의 은사를 일으키도록 노력해야 할 것이다(요 15:4~6, 빌 2:13, 고후 3:5, 빌 2:12, 히 6:12, 딤후 1:6).

## 중요한 이해 문제

**1.** 참된 선행은 어떤 것입니까?(⇒마 15:8)

(답) _마음으로_

**2.** 사람이 변화 받음 없이도 선을 행할 수 있습니까?(⇒롬 12:2)

(답) _없다._

**3.** 우리의 선행이 참된 선행이 될 수 있도록 온전케 하시는 분은 누구입니까?(⇒히 13:20,21)

(답) _예수 그리스도_

**4.** 사람이 고안한 일이 선행이 될 수 있습니까?(⇒마 15:9)

(답) _헛되다._

**5.** 왜 사람의 교훈은 선행이 될 수 없습니까?(⇒사 29:13)

(답) _사람의 계명으로 가르침을 받았기에_

**6.** 참된 선행은 결국 무엇의 열매입니까?(⇒약 2:18,22)

(답) _믿음_

제16장 선행에 관하여  83

7. 참된 선행에서 감사가 나오는 까닭은 무엇입니까?(⇨시 116:12,13)

   (답) _하나님이 주셨기에_

8. 선행은 자기 안에 어떤 확신을 줍니까?(⇨요일 2:5)

   (답) _하나님의 사랑이 온전케 됨._

9. 선행은 다른 사람에게 어떤 유익을 줍니까?(⇨마 5:16)

   (답) _하나님께 영광을_

10. 선행은 결국 무엇을 얻게 됩니까?(⇨요 5:29)

    (답) _생명_

11. 선을 행할 수 있는 능력은 어디에서 나옵니까?(⇨요 5:26)

    (답) _아버지(하나님), 아들(예수 그리스도)_

12. 선을 행하는 일에 성령의 실제적 감화가 필요한 까닭은 무엇입니까?(⇨고후 3:5)

    (답) _선이 하나님께로서 났음을 알게 하기 위해_

## 본 문 2

4. 순종을 통하여 이 세상에서 할 수 있는 가장 높은 정도의 선행에 도달할 수 있는 사람이라도, 공덕을 세운다든가 하나님이 요구하시는 것보다 더 할 수 있는 것은 아니다. 그들이 마땅히 해야 할

의무를 다 할 수도 없다(눅 17:10, 느 13:22, 욥 9:2, 갈 5:17).

**5.** 우리는 최선의 행위들을 통해서도 죄의 용서나 하나님의 손에 있는 영생을 얻을 수 없다. 그 이유는 선한 행위와 내세의 영광 사이에는 큰 불균형이 있고 사람과 하나님 사이에는 무한한 거리가 있기 때문이다. 인간은 전에 지은 죄악의 빚 때문에 선한 행실로서 하나님께 유익이나 만족을 드릴 수 없다. 가령 우리가 할 수 있는 모든 일을 다 했다고 해도 그것은 우리의 의무를 행한 것 뿐이요, 우리는 무익한 종에 지나지 않는다. 왜냐하면 그것이 선한 행동이라면 성령으로 말미암아 나온 것이기 때문이다. 그런 행위가 우리로 말미암아 이루어 짐으로 여러가지 약점과 불완전성으로써 심히 더럽게 되었고, 또한 그런 것이 섞여 있기 때문에 하나님의 무서운 심판을 결코 견딜 수 없다(롬 3:20, 눅 17:10, 갈 5:22,23, 사 64:6, 시 143:2).

### 중요한 이해 문제

**1.** 사람이 스스로 공덕을 쌓을 수 있습니까?(⇒눅 17:10)

(답) _없다(무익한 종일 뿐이다)._

**2.** 사람이 하나님의 요구에 이를 수 있습니까?(⇒욥 9:1~3)

(답) _없다._

**3.** 사람의 선행은 왜 완전할 수 없습니까?(⇒갈 5:17)

(답) _성령을 거스리기 때문_

**4.** 그리스도인은 무엇을 위하여 살아야 합니까? (⇨고전 10:31)

(답) <u>하나님의 영광</u>

**5.** 일을 할 때 어떤 자세로 해야 합니까? (⇨골 3:23)

(답) <u>마음을 다하여 주께 하듯</u>

**6.** 왜 우리의 선행을 자랑할 수 없습니까? (⇨엡 2:9)

(답) <u>행위에서 난 것이 아니기에</u>

**7.** 선을 행하되 낙심하지 말아야 하는 이유는 무엇입니까? (⇨갈 6:9)

(답) <u>때가 이르러 거둘 수 있기에</u>

**8.** 사람의 선행에도 심판이 필요한 까닭은 무엇입니까? (⇨사 64:6)

(답) <u>부정하기에</u>

---

## 본 문 3

**6.** 하나님께서 그리스도를 통해서 신자들을 받아 드렸으므로 그들의 선행도 역시 그리스도 안에서 용납된다. 그러나 그들이 이 세상에서 하나님 앞에 전적으로 흠이 없거나 비난을 받을 것이 없다는 뜻이 아니라 하나님께서 그의 아들 안에서 그들을 보시기 때문에 그들의 행동에 여러가지 약점과 불완전함이 있으나 저희의 성실한 것을 용납하시고 상주시기를 기뻐하셨다 (엡 1:16, 벧전 2:5, 고후 8:12, 히 6:10, 마 25:21).

**7.** 중생하지 못한 사람들이 행한 일은 가령 그것이 하나님의 명령을 따라서 행한 일이며 그들 자신에게 뿐만 아니라 다른 사람들에게도 좋은 일이라 할지라도, 그들이 믿음으로서 청결하게 된 마음에서나 말씀에 의지해서 올바르게 행한 것이 아니다. 하나님께 영광을 돌린다는 옳은 목적을 위해 행한 것도 아니기 때문에 그것은 죄된 것이며, 하나님을 기쁘시게 할 수 없으며 또한 하나님의 은혜를 받을 수도 없다. 그러나 선행을 무시하는 것은 한층 더 죄된 것이며 하나님을 기쁘시게 하지 못하는 것이다(왕하 10:30, 빌 1:15, 창 4:3~5, 고전 13:3, 마 6:2, 학 2:14, 호 1:4, 시 14:4, 욥 21:14).

## 중요한 이해 문제

**1.** 하나님께서 신자들의 선행을 받아들이신 까닭은 무엇입니까?(⇒엡 1:6)

(답) _그의 은혜의 영광을 찬미하게_

**2.** 이 세상에서 완전한 사람이 있습니까?(⇒시 143:2)

(답) _의로운 인생이 하나도 없다._

**3.** 약점과 불완전함이 있어도 하나님께서 신자들을 용납하신 까닭은 어디에 있습니까?(⇒히 6:10)

(답) _하나님의 사랑_

**4.** 상급은 은혜입니까, 아니면 삯입니까?(⇒마 25:21,23)

(답) _은혜_

5. 중생하지 못한 사람의 선행은 그것이 도리어 죄가 되는 그 첫째 까닭은 무엇입니까? (⇨창 4:3~5)

   (답) 하나님이 열납하지 않기 때문에

6. 그 둘째 까닭은 무엇입니까? (⇨고전 13:3)

   (답) 사랑이 없기에

7. 그 세째 까닭은 무엇입니까? (⇨마 6:2,5)

   (답) 허식(인간에게 보일려고 하기에)

8. 중생치 못한 사람의 선행은 하나님의 은혜를 왜 받을 수 없습니까? (⇨롬 9:8)

   (답) 하나님의 자녀가 아니기에

> **참 고**
>
> ### 성화와 선행에 대하여
>
> 성화는 필연적으로 선행을 발생케 한다. 선행은 한마디로 성화와 열매들이라 할 수 있다.
>
> 참된 선행은 중생된 사람만이 행할 수 있다. 그들만이 선행의 최종 목적인 하나님께 영광을 돌릴 수 있는 것이다. 그러나 중생치 못한 사람은 전혀 선행을 할 수 없다는 말은 아니다. 그들도 고상한 동기와 목적을 가지고 선을 행하기 때문이다. 그들의 선행이 불완전하다는 것은 그들은 하나님의 영광에 그 목적을 두지 있지 않기 때문이다.

# 제 17 장
# 성도들의 궁극적 구원에 관하여
## of The Perseverance of The Saints

### 본 문 1

**1.** 하나님께서 자기의 사랑하시는 자(예수 그리스도) 안에서 받아드리고 효과있게 부르시고, 또한 성령으로서 거룩하게 하신 자들은 은혜의 자리에서 전적으로 또는 궁극적으로 타락할 수 없다. 그들은 마지막 날까지 그 상태에 있을 것이며, 또한 구원을 받을 것이다(빌 1:6, 벧후 1:10, 요 10:28, 요일 3:9, 벧전 1:5,9).

**2.** 성도들의 궁극적 구원은 그들 자신의 자유의지에 의한 것이 아니라, 하나님 아버지의 자유롭고 변하지 않는 사랑에서 나오는 선택 작정의 불변성과 예수 그리스도의 공로와 중보의 기도의 효력에 의한 것이다. 또한 성령의 내재와 그들 속에 있는 하나님의 씨와 은혜가 언약의 본질로 말미암은 것이다. 이와같은 모든 것으로 부터 구원의 확실성과 무오성이 나타난다(딤후 2:18, 히 10:10, 요 14:16, 17, 렘 32:40, 살후 3:3).

## 중요한 이해 문제

1. 빌립보서 1:6을 읽고 그 느낀 점을 기록해 보십시오.(⇨빌 1:6)

   (답) 하나님의 인도하심과 지키심은 재림의 날까지 계속된다는 사실

2. 하나님께서 받아들인 자는 왜 타락할 수 없습니까?(⇨요 10:28,29)

   (답) 하나님의 손 안에 있기에

3. 하나님에게서 난 자는 왜 죄를 짓지 않습니까?(⇨요일 3:9)

   (답) 하나님의 씨가 있기에

4. 예수의 이름으로 하나님께 나아가야 할 이유는 무엇입니까?(⇨히 7:24~25)

   (답) 그분만이 구원할 수 있기 때문

5. 신자는 궁극적으로 타락할 수 없기 때문에 애쓰지 않아도 됩니까?(⇨벧후 1:10)

   (답) 궁극적으로 타락할 수 없지만 실족지 않기 위해 애써야 함.

6. 신자의 궁극적 구원에 있어 그리스도의 효력은 어떠합니까?(⇨히 10:14)

   (답) 영원히 온전케 하심.

7. 신자의 궁극적 구원에 있어 성령의 역할은 어떤 것입니까?(⇨요 14:16,17)

   (답) 함께 거하심.

제17장 성도들의 궁극적 구원에 관하여

## 본 문 2

**3.** 그러나 신자들은 사탄과 이 세상의 유혹과 신자들 안에 남아 있는 부패성의 강함과 자신을 보호하는 방법을 무시함으로서 무서운 죄에 빠져 있기도 한다. 그 결과로 그들은 하나님의 노하심을 사고 성령으로 하여금 탄식하게 하고 그들이 받은 은혜와 위로 중에 얼마를 빼앗기게 되며, 그들의 마음이 완악해지고 양심은 상처를 입고 남을 해치고 욕되게 하여 그들 자신에게 일시적인 심판을 가져오게 한다(마 26:70,72,74, 계 2:4, 사 64:5,7,9, 엡 4:30).

### 중요한 이해 문제

**1.** 신자가 죄에 빠지는 까닭은 무엇입니까? (⇒마 26:70,72,74)

(답) _인간의 전적 부패성_

**2.** 신자가 죄에 빠지는 경우 절망해서는 안되는 까닭은 무엇입니까? (⇒시 51:13)

(답) _주께서 나아갈 수 있기에 (회개)_

**3.** 신자가 범죄하면 하나님은 어떻게 하십니까? (⇒사 64:5)

(답) _진노_

**4.** 신자가 범죄하면 성령은 어떻게 하십니까? (⇒엡 4:30)

(답) _근심_

**5.** 신자가 범죄하면 무엇들을 빼앗기게 됩니까? (⇨시 51:8,10,12)

(답) _기쁨과 즐거움_

**6.** 신자가 범죄하면 그의 마음은 어떻게 됩니까? (⇨사 63:17)

(답) _강퍅케 됨._

**7.** 신자가 범죄하면 남에게 어떤 영향을 끼치게 됩니까? (⇨삼하 12:14)

(답) _훼방할 거리를 가지게 됨._

### 참고

#### 성도의 견인

진정한 그리스도인은 은혜의 상태에서 어떠한 경우에도 떨어질 수 없다는 것을 두고 이른 말이다. 다시 말하면 한 번 구원의 믿음을 가지게 된 사람은 그 은혜의 상태에서 결코 타락할 수 없는 것이다. 이 말은 신자들이 구원의 길에서 계속적으로 인내하는 활동을 필연적으로 보여 주고 있다.

그러나 성도의 견인은 전적으로 성도의 인내에 달려 있다고 생각되면 안된다. 엄격히 말하여 인내하는 것은 사람이 아니라 하나님이시기 때문이다. 한마디로 견인이란 성령께서 성도의 마음 속에서 하나님의 역사를 완성시키는 계속적인 역사인 것이다.

웨스트민스터 신앙고백이 제정된 배경과 연대 · · · · · · · · · · · · · · · · · · · 94
추천사 / 이근삼 · · · · · · · · · · · · · · · · · · · · · · · · · · · · · · · · · · · · · · · · · · · · · · · 95
추천사 / 정성구 · · · · · · · · · · · · · · · · · · · · · · · · · · · · · · · · · · · · · · · · · · · · · · · 96
일러두기 · · · · · · · · · · · · · · · · · · · · · · · · · · · · · · · · · · · · · · · · · · · · · · · · · · · · · 97
차례 · · · · · · · · · · · · · · · · · · · · · · · · · · · · · · · · · · · · · · · · · · · · · · · · · · · · · · · · · 98
제 18 장  은혜와 구원의 확실성에 관하여 · · · · · · · · · · · · · · · · · · · · · · 99
제 19 장  하나님의 율법에 관하여 · · · · · · · · · · · · · · · · · · · · · · · · · · · · ·105
제 20 장  신자의 자유와 양심의 자유에 관하여 · · · · · · · · · · · · · · · · · ·112
제 21 장  기독교인의 예배와 안식일에 관하여 · · · · · · · · · · · · · · · · · ·118
제 22 장  합당한 맹세와 서약에 관하여 · · · · · · · · · · · · · · · · · · · · · · · ·127
제 23 장  국가 위정자에 관하여 · · · · · · · · · · · · · · · · · · · · · · · · · · · · · · ·133
제 24 장  결혼과 이혼에 관하여 · · · · · · · · · · · · · · · · · · · · · · · · · · · · · · ·139
제 25 장  교회에 관하여 · · · · · · · · · · · · · · · · · · · · · · · · · · · · · · · · · · · · ·143
제 26 장  성도의 교제에 관하여 · · · · · · · · · · · · · · · · · · · · · · · · · · · · · · ·148
제 27 장  성례에 관하여 · · · · · · · · · · · · · · · · · · · · · · · · · · · · · · · · · · · · ·151
제 28 장  세례에 관하여 · · · · · · · · · · · · · · · · · · · · · · · · · · · · · · · · · · · · ·155
제 29 장  주의 성찬에 관하여 · · · · · · · · · · · · · · · · · · · · · · · · · · · · · · · ·159
제 30 장  교회의 권징에 관하여 · · · · · · · · · · · · · · · · · · · · · · · · · · · · · · ·166
제 31 장  총회와 공의회에 관하여 · · · · · · · · · · · · · · · · · · · · · · · · · · · · ·170
제 32 장  사람의 사후상태와 부활에 관하여 · · · · · · · · · · · · · · · · · · · ·174
제 33 장  최후의 심판에 관하여 · · · · · · · · · · · · · · · · · · · · · · · · · · · · · · ·178
제 34 장  성령에 관하여 · · · · · · · · · · · · · · · · · · · · · · · · · · · · · · · · · · · · ·182
제 35 장  하나님의 사랑과 선교에 관하여 · · · · · · · · · · · · · · · · · · · · · ·187

# 제 18 장
# 은혜와 구원의
# 확실성에 관하여
## of Assurance of Grace and Salvation

### 본 문 1

**1.** 위선자나 그밖에 중생하지 못한 사람들은 하나님의 은혜와 구원을 소유하고 있는 것처럼 거짓된 소망과 육적인 망상으로서 허망하게도 자기를 속일 수 있으나, 그들이 가지는 소망은 사라지고 말 것이다. 그러나 주 예수를 참으로 믿으며 성실하게 그를 사랑하고 그 앞에서 모든 선한 양심을 따라 행하려고 노력하는 사람은 이 세상에 있어서도 그들이 은혜의 자리에 있다는 확신을 가질 수 있으며 하나님의 영광 중에서 즐길 수 있을 것이다. 이 소망은 그들로 하여금 절대로 부끄럼을 당하지 않게 할 것이다(욥 8:13, 마 7:22-23, 요일 2:3, 요일 5:13, 롬 5:2,5).

**2.** 이 확실성은 헛된 소망에 근거한 단순한 억측이나 그럴듯한 신념이 아니다. 그것은 구원을 약속한 신적 진리에 근거한 믿음에서 오는 틀림없는 확신이다. 그것은 약속된 은혜의 내적 증거요, 우리가 하나님의 자녀라는 것을 우리 영으로 더불어 증거하시는 양자의 영에 근거하고 있다. 이 성령은 우리의 기업에 대한 증거인데 그것으로써 우리는 구속의 날까지 인침을 받았다(히 6:11, 히 6:17,18, 벧후 1:4,5, 롬 8:15,16, 고후 1:21,22).

## 중요한 이해 문제

**1.** 중생하지 못한 사람은 어떤 삶으로 살고 있습니까?(⇨미 3:11)

(답) _재물과 삯과 돈을 위해서_

**2.** 중생하지 못한 사람의 결과는 어떠합니까?(⇨욥 8:13~15)

(답) _소망이 없다._

**3.** 참으로 예수를 믿으며 성실하게 그를 사랑하고 모든 선한 양심을 따라 행하려고 노력하는 사람은 어떤 삶을 살게 됩니까?(⇨요일 2:3,3:14)

(답) _계명을 지키며 형제를 사랑한다._

**4.** 신자의 소망이 확실한 이유는 무엇입니까?(⇨롬 5:5)

(답) _하나님의 사랑이 성령으로 부은 바 되었기에_

**5.** 우리의 구원을 가장 확신시켜 주는 이유는 무엇입니까?(⇨고후 1:21~22)

(답) _성령으로 인치심._

**6.** 소망의 확실성을 위하여 우리는 어떤 태도로 살아야 합니까?(⇨요일 3:18)

(답) _행함과 진실함으로_

**7.** 어떤 때 하나님 앞에서 담대하여 질 수 있습니까?(⇨요일 3:21)

(답) _마음이 우리를 책망할 것이 없으면_

## 본 문 2

**3.** 틀림없는 확신은 믿음의 본질에 속하는 것이 아니다. 오히려 참 신자가 오랫동안 기다리고 또한 그가 믿음에 참여한 자가 되기 전에 많은 고난을 당하기도 하지만, 하나님께서 그에게 값없이 주신 것을 성령을 통해 알 수 있다. 무슨 특별한 계시가 없어도 정상적인 방법을 옳게 사용함으로써 그 확신에 도달할 수 있게 된다. 그러므로 모든 신자는 자기의 부르심과 선택을 확실하게 하기 위해 열심을 다 할 것이 각자에게 부여된 의무이다. 이렇게 함으로써 그의 마음은 성령안에서 평화와 기쁨을, 하나님께는 사랑과 감사, 복종하는 일에 있어서는 힘과 즐거움으로 더 나아가게 한다. 이 확신이 주는 정당한 열매들은 사람을 방탕한 생활에서 떠나게 한다(요일 5:13, 고전 2:12, 벧후 1:10, 롬 5:1, 시 130:4).

### 중요한 이해 문제

**1.** 신자가 당하는 고난은 어떤 유익을 가져옵니까? (⇨롬 8:18)

(답) _장차 나타날 영광_

**2.** 구원의 확실성은 누구를 통하여 알게 됩니까? (⇨요일 4:13)

(답) _성령_

**3.** 구원을 받은 성도는 어떻게 살아야 합니까? (⇨고후 7:1)

(답) _영육이 깨끗한 삶_

제18장 은혜와 구원의 확실성에 관하여

**4.** 구원의 확신을 가지는 일에 우리는 어떻게 해야 합니까?(⇨벧후 1:10)

(답) <u>힘써 굳게 해야</u>

**5.** 구원의 확신은 우리의 마음에 무엇을 가져다 줍니까?(⇨롬 5:1)

(답) <u>화평</u>

**6.** 구원의 확신은 우리로 무엇을 버리게 합니까?(⇨롬 6:1,2)

(답) <u>죄</u>

**7.** 우리가 하나님을 영영히 떠나지 못하는 이유는 무엇입니까?(⇨렘 32:40)

(답) <u>영원한 언약과 하나님을 경외하는 마음이 있기에</u>

## 본 문 3

**4.** 참된 신자가 구원에 대한 확신을 가지고 있으면서도 때로는 여러가지 모양으로 흔들리기도 하고 약해지기도 하고 중단될 수도 있다. 이는 그들이 그 확신 보존 하기를 게을리 함으로써 양심을 상하게 함과 성령을 탄식하게 하는 특별한 죄에 빠짐과 돌발적이고 격렬한 유혹에 빠짐과, 때로는 하나님이 자신의 얼굴 빛을 돌이킴으로써 하나님을 두려워하는 자라도 어둠에 다니게 되어 전연 빛을 가지지 않은 자처럼 행하게 된다. 그러나 그들은 하나님의 씨와 믿음의 생활과, 그리스도와 형제에 대한 그 사랑 믿음의 진실성, 의무에 대한 양심과 같은 것을 여전히 가지고 있다. 이와같은 것들에서 성령의 역사를 통하여 때가 되면 소생하며, 또한 그들은 심한 절망에 빠지지 아니한다(시 51:8, 엡 4:30, 눅 22:32, 욥 13:15, 미 7:7~9, 사 54:7~10).

## 중요한 이해 문제

**1.** 참 신자는 누구의 영을 받아야 합니까? (⇨고전 2:12)

(답) <u>하나님께로 온 영(성령)</u>

**2.** 참 신자가 유혹에 떨어졌을 때 가장 필요한 것은 무엇입니까? (⇨시 51:17)

(답) <u>우슬초로 정결케(회개)</u>

**3.** 유혹에 떨어진 자라도 다시 소생할 수 있는 것은 그의 마음에 무엇이 있기 때문입니까? (⇨요일 3:9)

(답) <u>하나님의 씨</u>

**4.** 참 신자가 결코 절망에 빠져 있게 될 수 없는 것은 무슨 까닭입니까? (⇨미 7:8)

(답) <u>여호와께서 나의 빛이 되기에</u>

**5.** 신자는 항상 무엇을 조심해야 합니까? (⇨고전 10:12)

(답) <u>선 줄로 생각하여 넘어질까</u>

**6.** 신자가 기뻐하는 것들은 무엇입니까? (⇨고후 12:10)

(답) <u>그리스도를 위하여 약한 것, 능욕, 궁핍, 핍박, 곤란</u>

**7.** 신자는 다른 사람이 시험에 들 때 어떤 태도를 취해야 합니까?

(⇒엡 4:32)

(답) _인자와 불쌍히 여겨야 함._

> | 참 고 | 구원의 확신에 대하여
>
> 신앙에는 항상 구원의 확신이 수반되느냐 안되느냐하는 문제가 일어난다. 신앙생활을 하는 자는 즉시 자기가 구속함을 받았다는 것을 확신한다. 참 신앙은 필연적으로 하나님께 대한 신뢰를 내포하고 있으며 이것도 정도에 따라 다르지만, 안전과 보증의 시기를 수반하고 있다.
>
> 그러나 구원의 확신은 항상 의식적으로 소유하고 있는 것은 아니다. 그리고 가끔 회의와 불안으로 동요도 받게 된다. 그러므로 확신은 기도와 명상과 생활을 통해서 길러져야 하는 것이다.

# 제 19 장
# 하나님의 율법에 관하여
## of The Law of God

## 본 문 1

**1.** 하나님은 아담에게 행위 계약인 율법을 주셨다. 이 율법을 통하여 하나님은 아담 뿐 아니라 모든 후손들에게 인격적으로, 전적으로, 엄밀하고 영구히 순종할 의무를 주셨다. 그와 동시에 하나님은 사람이 그 율법을 지킬 때 생명을 약속하셨고, 그것을 범할 때 사망을 준다고 경고하셨다. 그리고 아담에게 이 율법을 지킬 수 있는 힘과 능력을 부여해 주셨다(창 1:26~27, 롬 2:14~15, 갈 3:10, 전 7:29, 욥 28:28).

**2.** 아담이 타락한 후에 이 율법은 의에 관한 완전한 규율로 계속해서 존속하게 되었다. 그것은 하나님께서 시내산에서 십계명의 형식으로 전해 주셔서 두 돌비에 새겨졌다. 첫 네 계명은 하나님께 대한 우리의 의무를 포함했고 나머지 여섯 계명은 사람에 대한 우리의 의무를 포함하고 있다(약 1:25, 롬 13:8, 신 5:32, 출 34:1, 마 22:37~40).

## 중요한 이해 문제

**1.** 하나님께서 아담에게 주신 율법은 무엇입니까? (⇒창 2:17)

(답) <u>선악을 알게 하는 실과를 먹지 말라.</u>

**2.** 그 율법은 아담의 후손으로 하여금 어디에 매이게 하였습니까? (⇒롬 2:14,15)

(답) <u>마음에 새긴 율법의 행위</u>

**3.** 하나님은 사람이 율법을 범할 때 어떻게 된다고 경고하셨습니까? (⇒창 2:17)

(답) <u>죽음</u>

**4.** 불신자들에게 임하는 것은 무엇입니까? (⇒롬 1:18)

(답) <u>하나님의 진노</u>

**5.** 십계명은 어디에 새겨졌습니까? (⇒신 10:3,4)

(답) <u>돌판</u>

**6.** 십계명의 첫 부분 내용은 무엇입니까? (⇒마 22:37)

(답) <u>주 너의 하나님을 사랑하는 것</u>

**7.** 십계명의 둘째 부분 내용은 무엇입니까? (⇒마 22:39)

(답) <u>네 이웃을 내 몸같이 사랑하는 것</u>

8. 율법은 무엇을 깨닫게 합니까? (⇒롬 3:20)

   (답) 죄

9. 아담의 타락과 그의 의지와는 어떤 관계가 있다고 생각 됩니까?
   (⇒전 7:29)  전적 자기 책임 (하나님은 사람을 정직하게
   (답)      지으셨지만 사람은 많은 꾀를 낸 것이다.)

## 본 문 2

**3.** 보통 도덕적 율법이라는 이 율법 외에 하나님께서 이스라엘 백성에게 의식적 율법을 주셨다. 그것은 대개가 예배에 관한 것인데 그리스도의 은혜와 행적들과 고난과 은덕들을 예표하는 것이며, 더러는 도덕적 의무에 관한 교훈도 제시하고 있다. 이 모든 의식에 관한 예법은 신약시대에 와서 다 폐지되었다(골 2:17, 단 9:27, 엡 2:15).

**4.** 하나님은 이스라엘 백성들에게 여러가지 재판법들을 정해 주셨다. 그것은 그 백성의 국가와 더불어 없어졌으며 현재는 그 법률이 요구하는 일반적인 정당성보다 더한 어떤 것도 강요하지 않는다(벧전 2:13~14, 창 49:10, 마 5:17, 고전 9:8~10).

**5.** 도덕적 율법은 의롭다 하심을 받은 사람이나 그 밖의 다른 사람들에게도 모두 영원히 순종하도록 하셨다. 또한 그 안에 있는 내용에 대해서 뿐만 아니라 그것을 주신 창조주 하나님의 권위에 대해서도 순종하게 한다. 그리스도는 이 의무를 복음 안에서도 조금도 폐지하지 않고 도리어 더 강화하셨다(엡 6:2, 요일 2:3, 롬 3:31, 약 2:8).

## 중요한 이해 문제

1. 율법을 세가지로 분류하면 무엇입니까? (⇒본문에서)

   (답) <u>도덕적 율법, 의식적 율법, 강하된 율법(은혜)</u>

2. 의식적 율법은 신약시대에 와서 어떻게 되었습니까? (⇒엡 2:15, 16)

   (답) <u>예수 그리스도의 십자가로서 폐함.</u>

3. 하나님 앞에서 누가 의인입니까? (⇒롬 2:13)

   (답) <u>율법을 행하는 자</u>

4. 십계명은 성경 어느 곳에 있습니까? (두 곳)

   (답) <u>출20장, 신5장</u>

5. 율법중의 한가지를 범한 것이 어떤 영향을 끼치게 됩니까? (⇒약 2:10)

   (답) <u>모두 범한 자가 된다.</u>

6. 율법의 완성은 무엇입니까? (⇒롬 13:10)

   (답) <u>사랑</u>

7. 죄의 결과가 무엇입니까? (⇒롬 3:23)

   (답) <u>하나님의 영광에 이르지 못함.</u>

## 본 문 3

**6.** 참 신자는 행위 계약인 율법 아래 있어서 그것으로 말미암아 의롭다 함을 받거나 저주를 받는 것은 아니나 그 율법은 그들 자신에게나 다른 사람들에게 크게 유익하다. 그것은 생활의 표준으로서 하나님의 뜻을 알려주고 율법이 그들을 지도하여 그것을 따라 행하도록 한다. 그리고 그들의 성품과 마음과 생활속에 있는 죄로 더럽혀진 것을 발견하게 한다. 따라서 그들은 율법을 따라 죄에 대한 미움을 가지게 되며, 그리스도의 필요성을 분명히 이해하고 더 큰 확신에 나아가게 한다. 이와같이 율법은 중생한 자들에게도 그들의 부패성을 막는데 사용된다. 그리고 율법의 경고는 죄의 벌과 고통을 보여주는 역할을 한다. 또한 율법의 약속은 그것을 완수함으로써 기대할 수 있는 축복들을 보여 준다. 그렇다고 신자가 율법 아래 있게 되어지는 것은 아니다(롬 6:14, 고전 7:19, 롬 3:20, 약 1:23~25, 갈 3:24, 스 9:13, 눅 17:10).

**7.** 율법은 복음의 은혜에 반대되는 것이 아니라 오히려 그것에 잘 합치되는 것이다. 그리스도의 영은 사람의 의지를 다스려서 자유롭고 기쁜 마음으로 하나님의 뜻을 행할 수 있도록 하여 율법안에 계시된 하나님의 뜻이 이루어지기를 요구하신다(갈 3:21, 딛 2:11~14, 겔 36:27, 히 8:10, 렘 31:33).

### 중요한 이해 문제

**1.** 왜 신자는 율법에 의하여 의롭게 될 수 없습니까?(⇨갈 2:16)

(답)  그리스도를 믿음으로 의롭게 되기 때문

2. 율법의 본성은 무엇입니까? (⇨롬 7:12)

   (답) 거룩하고 선하다.

3. 율법은 우리 생활에 어떤 도움을 줍니까? (⇨시 119:4~6)

   (답) 부끄럽지 아니하는 생활

4. 율법은 우리로 하여금 무엇을 발견하게 합니까? (⇨롬 7:7)

   (답) 죄

5. 율법은 죄에 대하여 우리에게 어떤 마음을 가지도록 합니까? (⇨롬 7:14,24)

   (답) 그리스도

6. 율법은 우리를 누구에게 인도합니까? (⇨갈 3:24)

   (답) 신령한 것을 알게 한다(죄).

7. 우리가 율법에서 해방된 이유는 무엇입니까? (⇨갈 3:13)

   (답) 그리스도께서 십자가에 저주를 받았기에

8. 계명을 지키지 않으면 어떻게 됩니까? (⇨시 89:31~32)

   (답) 죄악을 정책

9. 율법은 어떤 축복을 줍니까? (⇨시 19:11)

   (답) 상이 크다.

## 제19장 하나님의 율법에 관하여

**10.** 사람이 의롭다 하심을 받는 비결이 무엇입니까? (⇨행 13:39)

(답) _예수를 믿는 자_

**11.** 율법의 요구가 강함에도 불구하고 우리가 그 율법으로 부터 자유로울 수 있는 까닭은 무엇입니까? (⇨롬 6:14)

(답) _하나님의 은혜 아래에 있기에_

**12.** 결국 우리 안에서 율법에 계시된 대로 하나님의 뜻을 이루시는 분은 누구입니까? (⇨겔 36:27)

(답) _하나님의 신(성령)_

**13.** 예수님은 율법을 무시했습니까? 아니면 중요시했습니까? (⇨마 5:17,18)

(답) _완전케 하려고 왔음._

---

**참고**

### 대요리 문답 91문, 소요리 문답 39문

이제 우리의 주의를 하나님의 율법에 집중시키자. 율법은 생활의 가장 중요한 현실이며 요소들이다. 율법은 사람의 삶의 모든 국면을 지배한다. 처음 인간은 자연의 법칙 혹은 창조의 법칙 아래 있었다. 그후로 인간은 행위 언약(the Covenant of Works)에 의하여 성립된 율법 아래 속하게 되었으며 더 나아가서는 은혜 언약(the Covenant of grace)에 의하여 성립된 율법에 속하게 되었다.

# 제 20 장
# 신자의 자유와
# 양심의 자유에 관하여
## of Christian Liberty and Liberty of Conscience

### 본 문 1

**1.** 그리스도께서 복음 아래 있는 신자들을 위하여 값 주고 사신 자유는 죄책과 하나님의 진노와 율법의 저주로 부터의 자유와 현재의 악한 세상과 사탄의 속박과 죄의 지배와 환란의 괴로움과 죽음의 고통과 무덤의 승리와 영원한 파멸에서 구출되는 것이다. 그리고 하나님에게 가까이 할 수 있고, 어린아이와 같은 사랑과 자발적인 마음으로 하나님께 순종하는 것으로 구성된다. 이 모든 것은 율법아래 있던 신자들에게도 공통된다. 그러나 신약에서의 신자의 자유는 유대교가 복종했던 의식적인 율법에서 자유함을 얻고, 더 큰 담력으로 은혜의 보좌에 접근하여 하나님의 자유하신 영의 충만한 교통으로 더 나아간다(딛 2:14, 갈 1:4, 롬 8:28, 롬 5:1,2, 요일 4:18, 고후 3:13,17,18).

### 중요한 이해 문제

1. 참된 자유는 무엇으로 부터 주어집니까? (⇒요 8:32)

   (답)  진리(예수 그리스도)

2. 그리스도께서 죽으심으로서 우리를 무엇으로 부터 자유케 하셨습니까? (⇨갈 3:13)

   (답) __율법의 저주__

3. 예수께서는 무엇들로 부터 우리를 건지셨습니까? (⇨행 26:18)

   (답) __사탄의 권세__

4. 그리스도 안에 있는 자는 무엇들로 부터 해방되었습니까? (⇨롬 8:1,2)

   (답) __죄와 사망의 법__

5. 어떤 순종이 가장 참된 순종입니까? (⇨롬 8:14)

   (답) __하나님의 영으로 인도함을 받는 순종__

6. 갈라디아서 5:1의 '종의 멍에'와 반대 되는 것을 13절에서 찾아 보십시오. (⇨갈 5:1,13)

   (답) __자유(사랑으로 종 노릇)__

7. 제사보다 나은 것이 무엇입니까? (⇨삼상 15:22)

   (답) __순종__

8. 자유는 하나님과 우리의 관계를 어떻게 만들었습니까? (⇨롬 5:1)

   (답) __화평__

## 본 문 2

**2.** 하나님만이 사람 양심의 주관자가 되신다. 하나님은 그 말씀에 배치되는 어떤 것이나, 사람들의 교리나 명령에 구속을 받지 않게 하셨다. 따라서 그와 같은 교훈을 믿거나 그와 같은 명령에 대해 양심을 어기며 따르는 것은 참된 양심의 자유를 위반한 것이다. 그리고 맹목적 믿음을 강요하는 일은 양심과 이성의 자유를 파괴하는 것이다(약 4:12, 행 4:19, 골 2:20, 사 8:20, 요 4:22).

**3.** 신자의 자유를 구실삼아 죄를 범하거나 정욕을 품는 것은 신자의 자유를 파괴하는 일이다. 신자의 자유는 우리가 원수의 손에서 구원을 얻어 우리의 전생애를 통하여 두려움 없이 주님 앞에서 거룩하고 의롭게 섬기는 것이다(갈 5:13, 벧전 2:16, 벧후 2:19, 요 8:34).

### 중요한 이해 문제

**1.** 인간 양심의 주인은 누구입니까?(⇨약 4:12)

(답) _하나님_

**2.** 하나님은 우리를 어떤 것들로 부터 구속받지 않게 하셨습니까? (⇨행 4:19)

(답) _사람의 말(교리나 명령)_

**3.** 왜 사람에게 매이는 것은 참된 자유에 위배하는 것입니까?(⇨갈 5:1)

(답) _종의 멍에를 매기 때문_

**4.** 맹목적인 순종은 어떠 합니까?(⇨사 8:20~22)

(답) _양심과 이성의 자유를 파괴(아침빛을 보지 못하고, 곤고하고 주릴 것이며 하나님을 저주하며......)_

**5.** 왜 방종은 참된 자유가 아닙니까?(⇨갈 5:13)

(답) _결과가 멸망이기에_

**6.** 자유는 어떤 때 가장 자유답습니까?(⇨벧전 2:16)

(답) _하나님의 종으로 있을 때_

**7.** 참 자유의 목적은 무엇입니까?(⇨요 8:35,36)

(답) _아들이 되게 하여 영원히 하나님 나라에 거하게 하기 위해_

## 본 문 3

**4.** 하나님이 세우신 권세와 그리스도께서 피로 값주고 사신 자유는 서로 도와서 보존하게 하려는 것이기 때문에, 신자의 자유를 구실삼는 어떤 사람들의 시민적이든 교회적이든 간에 그것의 합법적 권력과 행사를 반대하는 사람은 하나님의 규례를 반항하는 것이다. 한편 그들의 이러한 의견의 발표나 그 실행의 지속은 본성의 빛과 잘 알려져 있는 기독교의 권리나 경건에 배치되는 것이다. 그리고 그들 자신의 본성에서나 그것들을 발표하고 지속하는 방법에 있어서 이러한 그릇된 의견이나 행실은 그리스도께서 교회 안에 세우신 외적 평화와 질서를 파괴하는 것임으로 그들은 일반 법으로 문책을 받을 것이요, 교회의 법규에 따라 처분될 것이다(마 12:25, 히 13:17, 롬 1:32, 딤전 1:19,20, 눅 1:74~75).

## 중요한 이해 문제

**1.** 그리스도인의 자유 목적이 무엇입니까? (⇨눅 1:74~75)

(답) 원수의 손에서 건지셔서 주를 성결과 의와 두려움 없이 섬기기 위해

**2.** 자유는 무엇을 보존케 합니까? (⇨갈 5:13)

(답) 사랑

**3.** 자유를 구실삼아 합법적 권력과 합법적 행사를 반대하는 것은 누구를 반항하는 것과 같습니까? (⇨벧전 2:13,14,16)

(답) 위에 있는 하나님

**4.** 각 사람이 위의 권세에 굴복해야 하는 이유는 무엇입니까? (⇨롬 13:1)

(답) 하나님께서 정하셨기에

**5.** 그릇된 의견과 행동의 결과는 어떻게 됩니까? (⇨딤전 6:3-6)

(답) 교만과 경건을 이익의 재료로 생각하여 다툼

**6.** 그리스도의 교훈을 가지지 않고 접근할 때 어떻게 해야 합니까? (⇨요 1:10)

(답) 세상이 알지 못함.

**7.** 신자에게 있어 가장 바람직한 자유 행동은 어떤 것입니까?(⇨갈 5:13)

(답) _사랑으로 서로 종노릇_

> **[참 고]**
>
> ### 양심의 자유에 대하여
>
> 신자의 양심은 오직 하나님의 주권만을 인정한다. 그러기에 신앙적인 일에 있어서 하나님의 뜻에 위배되거나 반대되는 것이 있다면 그것이 아무리 위대한 신조나 계명이더라도 신자는 그것을 거부할 자유가 있는 것이다. 신앙에 있어 양심의 자유란 인간의 의지와 하나님의 의지가 대립할 때에, 하나님의 뜻을 선택하고 따를 수 있는 인격적 자유를 의미하는 것이다.

# 제 21 장
# 예배와 안식일에 관하여
## of Religious Worship and the Sabbath-day

### 본 문 1

**1.** 본성의 빛은 하나님이 계시다는 것을 보여 준다. 그 하나님은 만물을 다스리는 주권과 통치권을 가지고 계신다. 그러므로 사람은 마음과 정성과 힘을 다해 그를 경외하고 사랑하고 의지하고 섬겨야 한다. 그러나 하나님을 예배하는 합당한 방법은 하나님 자신이 정해 주셨다. 하나님은 어떤 다른 방법을 통해 사탄의 유혹을 받아 예배하지 못하게 하기 위해 계시된 자신의 뜻만 따라서 예배하도록 제한하셨다(행 17:24, 시 31:23, 수 24:14, 신 12:32, 골 2:23).

**2.** 기독교의 예배는 성부, 성자, 성령이신 하나님께 드려야 한다. 오직 그에게만 드려야만 하며, 천사들에게나 성도들에게나 그 밖에 어떤 피조물에게도 예배를 드려서는 안된다. 사람이 타락한 후에는 중보자없이 또는 어떤 다른 중보자를 통해서가 아니라 오직 그리스도를 통해서만 드려야 한다(마 4:10, 요 5:23, 골 2:18, 롬 1:25, 요 14:6, 엡 2:18).

## 중요한 이해 문제

1. 하나님의 존재를 보여 주는 것은 무엇입니까? (⇒롬 1:19)

   (답) __본성의 빛(하나님을 알만한 것이 보임)__

2. 만물을 통하여 알 수 있는 것은 무엇입니까? (⇒롬 1:20)

   (답) __하나님의 영원하신 능력과 신성__

3. 사람이 하나님만 의지하고 섬겨야 할 까닭은 무엇입니까? (⇒롬 3:4)

   (답) __사람은 거짓되되 하나님은 참되시기에__

4. 하나님께 예배하는 방법은 누가 정하였습니까? (⇒요 4:24)

   (답) __하나님 자신__

5. 하나님은 무엇을 기뻐하십니까? (⇒히 12:28)

   (답) __하나님을 통하여 경건함과 두려움으로 섬기는 것__

6. 하나님 공경은 곧 누구의 공경입니까? (⇒요 5:23)

   (답) __아들(예수 그리스도)__

7. 피조물도 예배의 대상이 될 수 있습니까? (⇒계 19:10)

   (답) __오직 하나님만__

## 제21장 예배와 안식일에 관하여

**8.** 사람에게 중보자(예수)가 왜 필요합니까? (⇨요 14:6)

(답) <u>예수로 말미암아 아버지(하나님)께 갈 수 있기에</u>

**9.** 우리의 예배는 누구를 통해서만 드려져야 합니까? (⇨딤전 2:5)

(답) <u>중보자 예수 그리스도</u>

### 본 문 2

**3.** 예배의 요긴한 부분인 감사의 기도는 하나님께서 모든 사람에게 요구하시는 것이다. 기도가 용납되기 위해서는 각자가 이해와 존경과 겸손과 열성과 믿음과 사랑과 인내심을 가지고 하나님의 뜻을 따라 성령의 도움을 얻어서 성자의 이름으로 기도해야 한다. 만약 소리를 내어서 기도할 때에는 다른 사람이 알아 들을 수 있는 말로 해야 한다(빌 4:6, 시 65:2, 요 14:13, 롬 8:26, 시 47:7, 창 18:27, 막 11:24).

**4.** 기도는 이치에 합당한 모든 사물과 현재 살아 있는 사람이나 앞으로 태어날 모든 사람을 위해서 할 것이고 죽은 사람을 위해서 할 것은 아니다. 또는 죽음에 이르는 죄를 범한 것이 알려진 사람을 위해서도 할 것이 아니다(요일 5:14, 딤전 2:1,2, 요 17:20, 눅 16:25, 계 14:3).

## 중요한 이해 문제

1. 기도는 어떤 자세로 드려야 합니까? (⇒빌 4:6)

   (답) _염려하지 말고 감사함으로_

2. 그리스도인의 삶의 자세는 어떠해야 합니까? (⇒살전 5:16,17,18)

   (답) _항상 기뻐함, 쉬지 말고 기도, 범사에 감사_

3. 기도가 응답되도록 하기 위해서는 어떻게 해야 합니까? (⇒요 14:13)

   (답) _예수의 이름으로 구해야_

4. 응답되는 기도는 어떻게 드려야 합니까? (⇒요일 5:14)

   (답) _그(하나님)의 뜻대로_

5. 기도에는 누구의 도움이 절대로 필요합니까? (⇒롬 8:26)

   (답) _성령_

6. 성령님의 도움으로 기도해야 하는 이유는 무엇입니까? (⇒롬 8:27)

   (답) _하나님의 뜻을 알기에_

7. 기도는 어떤 사람들을 위해서 해야 합니까? (⇒딤전 2:1,2)

   (답) _모든 사람 특히 임금들, 높은 지위에 있는 사람들_

## 제21장 예배와 안식일에 관하여

### 본 문 3

**5.** 하나님께 대한 예배의 일반적 요소는 성경봉독과 건전한 설교, 그리고 하나님께 순종하는 마음을 가지고 이해와 믿음과 경건한 마음으로 정성껏 듣는 것, 은혜받은 마음으로 시편을 찬송하는 것, 그리고 그리스도께서 세우신 성례를 합당하게 실시하고 합당하게 받는 것이다. 이 밖에 종교적 맹세와 서원과 금식과 절기에 따라 드리는 감사 예배가 있다(행 15:21, 딤후 4:2, 약 1:22, 사 66:2, 마 28:19, 욜 2:12).

**6.** 복음 시대에서는 기도나 그 밖의 예배의 어떤 부분이든지 그 장소나 방법에 따라서 달라진 예배가 다른 예배보다 더 기쁘게 받아지는 것은 아니다. 하나님께서는 어디서든지 신령과 진리로 예배드려야 한다. 각 가정에서 매일 드리든지, 혼자서 은밀히 드리든지 공적 모임에서든지 엄숙히 드려야 한다. 하나님께서 그의 말씀이나 섭리에 의해 우리를 공동예배에 부르신 것이니 부주의 하게 또는 경솔하게 여겨서는 안된다(요 4:21, 말 1:1, 요 4:23,24, 렘 10:25, 마 6:11, 사 56:7).

### 중요한 이해 문제

**1.** 예배는 어디에서 드려야 합니까? (⇨말 1:11)

(답) ___각처에서___

2. 예배는 언제까지 드려야 합니까? (⇨히 10:25)

   (답) _그날(주님 재림)이 올 때까지_

3. 말씀을 들을 때는 누구 앞에서 듣는다는 믿음을 가져야 합니까? (⇨행 10:33)

   (답) _하나님_

4. 예수님은 말씀 듣는 것을 무슨 일에 비유를 하셨습니까? (⇨마 13:18,19)

   (답) _씨뿌리는 비유_

5. 신령한 찬송은 어떤 때에 부르게 됩니까? (⇨골 3:16)

   (답) _마음에 감사함으로_

6. 성례식은 왜 중요합니까? (⇨고전 11:23~24)

   (답) _예수께서 기념하라고 명령하셨기에_

7. 예배 때에 마음의 자세는 어떠해야 합니까? (⇨히 12:28)

   (답) _경건함과 두려움(경외)_

8. 복음시대에 예배의 장소나 방법이 중요하지 않는 까닭은 무엇입니까? (⇨요 4:21~23)

   (답) _신령과 진정으로 예배하는 것이 중요하기 때문_

## 제21장 예배와 안식일에 관하여

**9.** 신령과 진정의 예배가 필요한 까닭은 무엇입니까? (⇨요 4:24)

(답) _하나님은 영이기에_

**10.** 어떤 예배이거나 엄숙하게 드려야 하고 경솔하게 여겨서는 안 되는 까닭은 무엇입니까? (⇨벧전 1:16)

(답) _하나님은 거룩하시기 때문_

### 본 문 4

**7.** 하나님께 예배드리기 위하여 시간의 일부분을 구별 하는 것이 자연의 법칙에 합당한 일이다. 그러므로 하나님은 그의 말씀을 통하여 적극적이고 도덕적이고 항구적인 명령으로서 안식일을 하나님께 거룩한 날로 지키게 하셨다. 이 날은 창세로 부터 그리스도의 부활까지는 일주일의 마지막 날로 지켰고, 그리스도의 부활 후 부터는 일주일의 첫째 날로 변경하였는데 성경에서는 이 날을 주일이라고 부른다. 이 날은 세상 끝날까지 기독교의 안식일로 계속될 것이다(출 20:8, 사 56:2,4 창 2:2, 계 1:10, 마 5:17, 고전 16:1,2).

**8.** 신자는 안식일을 마음으로 잘 준비하고 거룩하게 지켜야 한다. 이 날에는 모든 일이나 말이나 생각, 그리고 세상적인 고용이나 오락을 그만 둘 뿐만 아니라 모든 시간을 하나님을 예배하는데 쓰며 필요한 의무와 자비를 베푸는 일에 바칠 것이다(출 16:23, 31:15~17, 느 13:15~19, 사 58:13, 마 12:1~13).

## 중요한 이해 문제

1. 안식일은 몇번째 계명입니까? (⇨출 20:8)

   (답) _4번째_

2. 안식일을 어떻게 지키라고 하였습니까? (⇨출 20:8~11)

   (답) _기억하여 거룩히 지켜야_

3. 하나님과 이스라엘 사이의 표징은 무엇입니까? (⇨출 31:17)

   (답) _안식일_

4. 그리스도의 부활 후 안식일은 어느 요일로 변경되었습니까? (⇨고전 16:2)

   (답) _매주일 첫날(주일)_

5. 변경된 안식일을 우리는 어떻게 부릅니까? (⇨계 1:10)

   (답) _주일_

6. 예배는 어떤 태도로 참석해야 합니까? (⇨행 2:46)

   (답) _마음을 같이 하여 모이기를 힘써서 기쁨과 순전한 마음으로_

7. 신자는 안식일을 어떻게 준비해야 합니까? (⇨출 16:23)

   (답) _거룩하게_

**8.** 안식일의 주인은 누구 입니까? (⇨마 12:8)

(답) _인자(예수님)_

**9.** 안식일에는 어떤 일을 적극적으로 해야 합니까? (⇨마 12:12,13)

(답) _선을 행하는 것_

## 참 고

### 1. 예배의 의미

신약의 예배는 구약의 제사에 그 근원을 두고 있다. 그러나 구약의 제사는 의식이 중요한 것임에 비하여 신약의 제사는 그 영적 의미를 더 중요시 하고 있다는 차이가 있다.

예배는 하나님과 교제하는 데에 그 궁극적 목적이 있기 때문에 자연히 그 내용은 하나님께 대한 고백과 감사와 봉헌의 결단 등이 아닐 수 없는 것이다.

### 2. 안식일과 주일

안식일이 주일로 바뀌진 것은 예수께서 부활하신 날에 그 제자들이 모인데서부터 비롯되었다. 그러므로 주일 제정은 사도 시대부터 자연적으로 이루어진 것이다.

그럼에도 불구하고 안식일만을 고집하는 교파가 있는데 이는 영적 의미보다 문자에 매인 태도가 아닐 수 없는 것이다. 이점 소요리 문답은 아주 적절한 대답이 될 것이다. 「하나님께서도 그리스도의 부활까지는 매주 일곱째 날을 안식일로 정하셨고, 그후부터 세상 끝날까지는 매주 첫주일로 명하셨다.」

# 제 22 장
# 합당한 맹세와 서약에 관하여
## of Lawful Oaths and Vows

### 본 문 1

1. 합당한 맹세는 종교적 예배의 한 부분인데 정당한 경우에 원하는 사람이 확증 혹은 약속한 것에 대하여 증거해 주실 것과, 서원한 것이 참인지 거짓인지에 따라 판단하여 주시기를 엄숙히 하나님을 불러 서약한 것이다(신 10:20, 출 20:7, 레 19:12, 고후 1:23, 대하 6:22).

2. 오직 하나님이 이름으로써만 사람은 맹세해야 한다. 그때 거룩한 두려움과 공경하는 마음을 가지고 그 이름을 사용해야 한다. 그러므로 경솔하게 맹세하거나 다른 무엇으로 맹세하면 죄를 범한 것이므로 미움을 받게 될 것이다. 맹세는 하나님의 말씀에 의하여 보증된 것으로 신구약 성경에 다같이 허락된 것이다. 따라서 합당한 맹세는 합법적인 권위자로 말미암아 요구될 때에는 이를 행해야 한다(신 6:13, 렘 5:7, 약 5:12, 히 6:16, 사 65:16, 왕상 8:31, 스 10:5).

제22장 합당한 맹세와 서약에 관하여

## 중요한 이해 문제

1. 누구의 이름으로 맹세해야 합니까? (⇨신 10:20)

   (답) __하나님 여호와__

2. 어떤 맹세가 하나님을 욕되게 합니까? (⇨레 19:12)

   (답) __거짓 맹세__

3. 맹세가 무엇입니까? (⇨히 6:16)

   (답) __최후의 확증__

4. 우리는 누구의 이름으로만 맹세해야 합니까? (⇨신 6:13)

   (답) __하나님 여호와__

5. 어떤 맹세가 죄가 되고 결국 미움을 받게 됩니까? (⇨렘 5:7)

   (답) __신이 아닌 것들로 맹세__

6. 서원한 자의 태도는 어떠해야 합니까? (⇨민 30:2)

   (답) __파악하지 말고 다 행할 것__

7. 합당한 맹세에는 어떤 책임이 따릅니까? (⇨스 10:5)

   (답) __말대로 행함.__

## 본 문 2

**3.** 누구든지 맹세할 때에는 그것이 매우 엄숙한 행위라는 점을 충분히 생각해야 한다. 또 그때 자기가 진리라고 확신할 수 있는 것 외에는 아무 것도 보증해서는 안된다. 누구든지 맹세할 때는 선하고 옳은 것 이외의 것에 대해서 맹세해서는 안된다. 그리고 자기가 실제로 행하려고 결심한 것 이외의 것에 대해서 맹세해서도 안된다. 그러나 합법적인 권위자가 선하고 옳은 것에 대한 맹세를 요구할 때 그 맹세를 거절하는 것은 죄가 된다(출 20:7, 렘 4:2, 창 24:2, 3 느 5:12, 출 22:7~11).

**4.** 맹세할 때에는 모호한 말이나 확신없는 말은 하지말고 쉽고 평범한 말로 해야 한다. 죄악된 것이 아닌 어떤 사실을 맹세한다면 그것이 죄라고 할 수는 없다. 또 한번 맹세한 것은 그것이 비록 자기에게 손해가 될지라도 마땅히 이행할 것이다. 그리고 이단자나 불신자에게 맹세한 것일지라도 그것을 깨뜨려 질 수 없다(렘 4:2, 시 24:22, 겔 17:16, 수 9:18,19, 삼하 21:1).

### 중요한 이해 문제

**1.** 맹세할 때는 어떤 점을 충분히 고려해야 합니까?(⇨렘 4:2)

(답) _진실, 공평, 정의_

**2.** 여호수아가 기브온 거민과 약조할 때 실수한 이유는 무엇입니까?(⇨수 9:14)

(답) _여호와께 묻지 않은 것_

## 제22장 합당한 맹세와 서약에 관하여

**3.** 맹세는 어떤 것만 해야 됩니까?(⇨창 24:2~7)

(답) _하나님이신 여호와_

**4.** 어떤 맹세를 거절할 때 그것이 죄가 됩니까?(⇨민 5:19,21)

(답) _제사장(합법적인 사람)_

**5.** 거짓맹세치 않는 자는 어떤 복을 받게 됩니까?(⇨시 24:4~5)

(답) _여호와께 복을 받고 하나님께 의를 얻는다._

**6.** 왜 맹세는 자기에게 손해가 되는 것도 이행해야 합니까?(⇨삿 11:36)

(답) _하나님을 향하여 했기 때문에_

**7.** 이단 자나 불신 자에게 맹세한 것은 깨뜨려도 됩니까?(⇨겔 17: 16,18,19)

(답) _일반 생활사에 있어서 약속을 이행해야_

---

### 본 문 3

**5.** 서약도 약속적 맹세와 같은 성격을 띄고 있다. 서원을 행할 때도 경건한 주의를 기울이며 성실히 지켜져야 한다(사 19:21, 전 5:4~6, 시 61:8, 66:13,14).

**6.** 서약은 피조물에 대해서 할 것이 아니라 하나님께 대해서만 할 것이다. 그것이 받으신 바 되게 하려면 자발적으로 믿음과 의무감에서 해야 한다. 또한 이미 우리가 받은 은사나 원하는 바가 이루어질 것에 대한 감사의 뜻에서 해야 한다. 그것이 서약의 뜻에 합치

되는 한 우리는 그것에 더욱 충실해야 한다(시 76:11, 렘 44:25, 신 23:21, 시 50:14).

7. 아무도 하나님의 말씀이 금하는 서원을 해서는 안된다. 또한 성경에 명하신 의무에 방해되는 것이나 자기 자신의 힘이 미칠 수 없는 것이나 이행하기 어려운 서약을 해서는 안된다. 이런 점에서 평생 독신생활, 고행생활의 공적선언, 규칙적 복종에 대한 로마교의 수도원적 서약은 보다 높은 완전한 생활과 너무 먼 것이어서 신자로서는 도저히 관여할 수 없을 정도로 미신적이고 죄많은 함정이 된다(행 23:12, 막 6:26, 민 30:5, 고전 7:2, 엡 4:28).

## 중요한 이해 문제

1. 서원이란 무엇입니까?(⇨삼상 1:11)

   (답) _약속적 맹세_

2. 서원을 하였을 때 어떻게 해야 합니까?(⇨전 5:4~5)

   (답) _성실히 시켜야(깊기을 더디 말라)._

3. 서약은 누구를 대해서만 해야 합니까?(⇨시 76:11)

   (답) _여호와 하나님_

4. 서원은 왜 감사의 뜻에서 해야 합니까?(⇨시 50:14~15)

   (답) _이루어질 것에 대해서_

5. 유대인들이 맹세한 것은 무엇입니까? (⇨행 23:12)

   (답) _바울을 죽이려는 것_

6. 왜 자기 힘으로 이행할 수 없는 서원을 해서는 안되는 것입니까?
   (⇨막 6:26)

   (답) _거절할 수 없기 때문에_

7. 독신생활, 고행생활의 선언, 수도원적 서약은 왜 함정이 됩니까?
   (⇨마 19:11)

   (답) _타고난 자라야 가능하기 때문_

---

**참 고**

**마태복음 5:33-34 주석**

함부로 맹세하지 말 것이며, 진리의 정당성을 위해서도 맹세할 수 없다는 것은 유대인의 말의 비진리성을 배격하는 의미가 된다. 그러나 재판석에서 하는 서약이나 교회의 취임식에서의 서약 등을 금하는 것이 아니다.

# 제 23 장
## 국가 위정자에 관하여
### of the Civil Magistrate

**본 문 1**

**1.** 지극히 높으신 왕이 되시는 하나님은 자기의 영광과 정의와 선을 위해 백성을 다스리는 국가공직자들을 세우시고 자기 관할하에 두셔서 봉사케 하셨다. 이 목적은 선행하는 자들을 보호하여 권장하고, 또 그들에게 칼의 권세를 주어 악을 행하는 자를 처벌하게 하셨다(롬 13:1~4, 벧전 2:13,14, 잠 8:15~16).

**2.** 그리스도인이 공직에 부름을 받았을 때, 그것을 수락하고 그 일을 수행하는 것은 정당한 일이다. 그들이 이 일에 종사할 때 특별히 그 나라의 건전한 법을 따라서 경건과 정의와 평화를 유지하도록 힘써야 한다. 이 목적을 이루기 위해서 신약 시대에도 신자가 올바르고 필요한 경우에 부득불 전쟁을 하게 되는 것이 정당하다(시 82:3,4, 눅 3:14, 롬 13.4, 대하 26:18).

### 중요한 이해 문제

**1.** 이 땅의 국가 공직자들에게 통치권을 주신 분은 누구입니까?(⇨ 롬 13:1)

(답) _하나님_

**2.** 그 목적은 어디에 있습니까? (⇨요일 2:20,27)

(답) _선행하는 자를 보호하기 위해_

**3.** 국가공직자들이 칼을 든 까닭은 무엇입니까? (⇨롬 13:4)

(답) _악을 행하는 자를 처벌_

**4.** 신자가 국가의 공직에 부름을 받았을 때에 어떻게 해야 합니까? (⇨잠 8:15,16)

(답) _수락하고 수행해야_

**5.** 신자가 공직에 앉게 되면 무엇을 위해 노력해야 합니까? (⇨시 2:10~12)

(답) _그 나라의 법을 따라서 경건, 정의, 평화 유지_

**6.** 신자에게 올바른 전쟁은 어떤 것입니까? (⇨계 17:14,16)

(답) _어린 양(예수 그리스도)과 더불어 하는 전쟁_

**7.** 마태복음 26:52을 읽고 느낀 바를 써보십시오 (⇨마 26:52)

(답) _하나님의 나라는 세상적인 무기(권세)로 이루어지지 않는다._

---

## 본 문 2

**3.** 국가공직자들은 말씀과 성례의 집행이나 하늘나라 열쇠의 권세를 자기들의 것으로 취해서는 안된다. 또한 적어도 신앙의 문제에 간섭해서는 안된다. 그러나 양육하는 아버지 같이 그리스도인들의 어느 한 교파를 다른 교파 이상으로 우대하지 않고, 모든 교직자

들이 폭력이나 위험없이 그들의 신성한 직무들의 각 부분을 이행하기 위해 충분하고 구애를 받지 않는 완전한 자유를 누리게 하는 방식으로 우리의 공통된 주님의 교회를 보호하는 것이 위정자들의 의무이다.

그리고 예수 그리스도께서 교회의 정당한 정치와 권징을 정하셨으므로 그리스도인들의 어느 교파에서 자원한 회원들 중에 자신들의 고백과 신앙에 따르는 정당한 행사를 어느 국가의 법률이라도 간섭하거나 방해해서는 안된다. 오히려 국가공직자들의 의무는 종교적이나 불신앙의 구실을 가지고 모욕, 폭력, 학대, 어떤 상해를 가해서는 안된다. 뿐만 아니라 그 어떤 사람이 박해받는 일이 없도록 하는것과 그들의 명성과 인격을 보호하는 것과 모든 종교적인 교회의 집회들이 방해나 해방없이 개최될 수 있도록 질서를 유지하는 것이다(마 16:19, 요 18:36, 시 105:15, 삼하 23:3).

## 중요한 이해 문제

**1.** 국가공직자들이 종교행사에 간섭해서는 안되는 까닭이 무엇입니까?(⇨요 18:36)

(답) <u>하나님 나라는 이 세상에 속해 있지 않기 때문</u>

**2.** 국가공직자들은 종파들에 대하여 왜 고르게 우대해야 합니까? (⇨사 19:23)

(답) <u>주님의 교회를 보호하는 것이 의무이기에</u>

**3.** 신앙의 자유는 어디에서 비롯된 것입니까?(⇨마 16:19)

(답) <u>교회</u>

**4.** 국가공직자들이 주님의 교회를 보호해야 할 의무는 어디서 비롯됩니까? (⇨딤전 2:2)

(답) <u>모든 사람들이 그들을 위하여 기도하기 때문</u>

**5.** 국가의 법률이 그리스도의 신앙 고백이나 그 행사를 방해할 수 없는 까닭은 어디에 있습니까? (⇨시 105:15)

(답) <u>하나님이 교회의 정당한 정치와 권장을 정하셨기에</u>

**6.** 신자는 신앙 자유를 빙자하여 국가의 질서를 무시하거나 교란시켜도 됩니까? (⇨행 18:14)

(답) <u>안 된다.</u>

**7.** 왜 국가와 교회는 서로 방해하는 일 없이 협력해야 합니까? (⇨삼하 23:3)

(답) <u>질서 유지를 위해</u>

**8.** 그리스도인들이 국가공직자들을 위하여 왜 기도해야 합니까? (3가지) (⇨딤전 2:2)

(답) <u>편안한 생활을 위해</u>

## 본 문 3

**4.** 백성들은 국가공직자를 위하여 기도하고 그들의 인격을 존중하며, 정부에 세금이나 공과금을 바치고 양심을 따라 그들의 정당한 명령을 순종하며 그들의 권위에 순종하는 것이 국민의 의무이다. 위정자가 불신앙이나 또는 다른 종교를 가지고 있다 할지라도 위정자의 법적 권위를 무시하거나 또 국민들이 위정자에게 순종하지 않아도 되는 것은 아니다. 뿐만 아니라 그런 일로 부터 교역자나 교회의 직무자들도 여기에서 예외가 되는 것은 아니다. 더구나 교

> 황이라 할찌라도 위정자의 통치 권한 안에서는 일반 민중을 다스릴 아무런 권세나 사법권이 없다. 가령 교황이 그들을 이단으로 규정하거나 그 밖에 어떤 구실을 붙이더라도 국민들의 주권이나 생명을 빼앗을 아무런 권리도 없다(벧전 2:17, 마 22:21, 왕상 2:35, 유 8~11, 딤후 2:24).

## 중요한 이해 문제

**1.** 왜 국가공직자들에게 세금을 바치는 일이 정당한 일입니까?(⇨ 마 22:21)

　(답) _국민의 의무_

**2.** 공직자들의 명령과 권위에 순종할 때 반드시 무엇에 따라 해야 합니까?(⇨롬 13:5~7)

　(답) _양심_

**3.** 공직자가 불신앙자이거나 종교가 다르더라도 그들의 권한을 부정할 수 없는 까닭은 무엇입니까?(⇨롬 13:1)

　(답) _위에 있는 권세는 하나님이 정하신 것이기에_

**4.** 교역자는 국가공직자에게 대한 의무에서 면제될 수 있습니까? (⇨벧전 2:13,14,16)

　(답) _없다._

**5.** 교황은 국가공직자들처럼 일반 민중을 다스릴 권한이 있습니까? (⇨왕상 2:35)

　(답) _없다._

교황이 국민의 주권이나 생명을 빼앗을 권한이 있습니까?(⇨벧전 5:3)

(답) _없다._

국가공직자나 신앙인이거나 최후의 심판 자는 누구입니까?(⇨요 5:22)

(답) _아들(예수 그리스도)_

---

**토의와 적용** | 국가공직자들에 대하여 그리스도인이 가져야 할 태도가 무엇인지 토의하십시오

성경적 근거로 다음 몇가지를 들 수 있다.
① 위정자들의 권세는 하나님께서 주신 것이기 때문에 마땅히 신자는 복종해야 한다.

② 위정자들은 선을 장려하고 악을 보응하기 때문에 마땅히 신자는 두려워하고 따라야 한다.

③ 위정자들은 하나님의 사자와 일꾼으로 사역하고 있기 때문에 마땅히 신자는 의무를 수행해야 한다.

# 제 24 장
# 결혼과 이혼에 관하여
## of Divorce and Marriage

### 본 문 1

**1.** 결혼은 한 남자와 한 여자 사이에 이루어져야 한다. 한 남자가 한 명이상 아내를 두는 것은 불법이며 또한 한 여자로서 한 명 이상 남편을 두는 것도 마찬가지이다(창 2:24, 마 19:4-6, 롬 7:3, 잠 2:17).

**2.** 결혼은 남자와 여자가 서로 돕기 위한 것과 합법적인 후손을 통한 인류의 번성에 따라 교회에서는 경건한 자손을 통한 교회의 증가와 부정과 문란을 막기 위해 제정되었다(창 2:18, 말 2:15, 고전 7:2,9).

**3.** 누구든지 결혼에 동의할 수 있는 판단력을 가진 사람이면 결혼하는 것이 합당하다. 그러나 그리스도인은 오직 주안에서만 결혼할 의무를 가지고 있다. 그러므로 참된 개혁주의 신자는 불신자나 로마교 신자나 기타 우상숭배자와 결혼해서는 안된다. 또한 경건한 자는 생활이 두드러지게 사악한 사람이나 저주받을 이단적인 신앙을 계속 주장하는 자와 결혼하여 서로 맞지 않는 멍에를 메는 불행을 초래해서는 안된다(딤전 4:3, 창 24:57,58, 신 7:3,4).

## 중요한 이해 문제

**1.** 결혼에 대한 정의를 내려보십시오.(➡창 2:24)

(답) <u>부모를 떠나 연합하여 둘이 한 몸이 되는 것</u>

**2.** 둘 이상의 아내나 남편을 두는 일이 왜 합당치 않습니까?(➡롬 7:3)

(답) <u>불법</u>

**3.** 결혼의 목적을 3가지로 말해 보십시오.(➡말 2:15, 고전 7:2,9)

(답) <u>경건한 자손을 얻기 위해, 서로 돕기 위해, 부정, 문란을 막기 위해</u>

**4.** 합법적인 인류 번식은 왜 필요합니까?(➡창 1:28)

(답) <u>생육하고 번성하여 땅에 충만하여 하나님께 복받기 위해</u>

**5.** 결혼과 교회 증가는 어떤 관계가 있습니까?(➡말 2:15)

(답) <u>경건한 자손</u>

**6.** 음행을 막기 위하여 결혼하라는 말씀은 결혼의 직접 목적입니까? 간접 목적입니까?(➡고전 7:2,9)

(답) <u>간접 목적</u>

**7.** 신자는 누구안에서만 결혼할 의무가 있습니까?(➡고전 7:39)

(답) <u>주</u>

8. 개혁주의 신자는 어떤 사람들과 결혼할 수 없습니까?(⇨고후 6:14)
   (답) _불신자, 로마교 신자, 우상 숭배자_

9. 경건한 신자는 어떤 사람들과 결혼해서는 안됩니까?(⇨느 13:25~27)
   (답) _사악한 사람, 저주 받을 이단적인 신앙을 주장하는 자_

## 본 문 2

**4.** 혈연관계가 서로 가까운 남녀는 결혼할 수 없다. 그 이유는 그러한 결혼이 성경에 금지되어 있기 때문이다. 특히 근친간의 남녀 한쌍이 같이 생활함으로써 이루어지는 친족 간통은 어떤 인간의 법이나 단체의 허락으로도 정당화시킬 수 없다(레 18:6-18, 고전 5:1, 암 2:7, 막 6:19).

**5.** 약혼한 후에 범한 간통이나 사통이 결혼전에 발견되면 순결한 측에서 그 약혼을 취소할 수 있는 정당한 권리를 가지게 된다. 만약 결혼 후에 간통한 사실이 있을 때는 순결한 편은 상대편을 죽은 것으로 간주하여 이혼하고 다른 사람과 결혼할 수 있다(마 1:18~20, 마 5:31,32, 마 19:8~9, 롬 7:2,3).

**6.** 하나님께서 짝지어 준 부부는 오직 간음의 경우와 교회나 세상 법률에 의한 어떤 방법으로도 회복할 수 없는 고의적 버림을 당한 것 외에는 이혼의 충분한 이유가 되지 못한다. 이혼할 때는 공적이요 질서와 절차를 경유해서 처리 해야 한다. 이 때에 당사자들은 자기의 의사와 경우를 잘 분별해야 한다(마 19:6,8,9, 고전 7:15, 신 24:1~4, 스 10:3).

## 중요한 이해 문제

**1.** 혈족이나 친족끼리는 왜 결혼하지 못합니까?(⇨레 18:17)

(답) _성경에 금지되어 있기에_

**2.** 약혼 전에 간통한 사실이 드러나면 순결한 편은 어떤 권리를 가집니까?(⇨마 1:18~20)

(답) _약혼 취소_

**3.** 결혼 후에 간통한 사실이 있을 때는 순결한 편은 어떤 권리를 가집니까?(⇨마 5:31,32)

(답) _죽은 것으로 간주하고 이혼_

**4.** 사람의 타락성은 가정을 어떻게 파괴시킵니까?(⇨마 19:6,8,9)

(답) _음행을 통해서_

**5.** 이혼할 때에는 어떤 수속을 밟아야 합니까?(⇨신 24:1~4)

(답) _공적인 질서와 절차_

**6.** 이혼할 때에는 당사자들이 무엇을 잘 분별해야 하는지 3가지로써 보십시오(⇨스 10:3)

(답) _1) 주의 교훈을 좇으며 2) 하나님의 명령에 떨며 3) 준행하는 자의 의논에 따라_

**7.** 신자의 가정은 어떠해야 합니까?(2가지) (⇨엡 6:1,4)

(답) _1) 부모를 주 안에서 순종_
_2) 자녀들을 주의 교양과 훈계로 양육_

# 제 25 장
## 교회에 관하여
### of the Church

**본 문 1**

**1.** 보편적 또는 우주적인 교회는 눈에 보이지 않는다. 이 교회는 과거나 현재나 미래에 있어서 머리되시는 그리스도를 중심으로 하나로 모이는 모든 택한 백성으로 구성된다. 이것은 그리스도의 신부요, 그의 몸이요, 만물 안에서 만물을 충만하게 하시는 자의 충만이시다(엡 :10, 5:23,27, 골 1:18).

**2.** 유형적(보이는) 교회도 복음시대에 있어서 역시 보편적이고 우주적인 교회이다. 이 교회는 율법 시대와 같이 한 민족에게만 국한된 것이 아니라 전 세계를 통해 참 종교를 믿는 모든 사람과 그들의 자손들로서 구성된다. 이 교회는 예수 그리스도의 왕국이요 하나님의 집이요 권속이다. 이것을 떠나서는 구원의 정상적 가능성은 없다(고전 1:2, 롬 11:16, 창 3:15, 엡 2:19).

**3.** 그리스도께서 이 보편적이고 유형적 교회에서 성도들의 모임과 세상 끝날까지 이 세상에서의 그들의 생을 완전하게 하기 위해 직분과 성경과 성례를 주셨다. 그리고 자신의 약속을 따라 그리스도 자신과 성령이 임재하셔서 그것을 효과있게 하신다(고전 12:23, 엡 4:11~13, 마 28:19,20, 사 49:21).

## 중요한 이해 문제

1. 우주적인 교회는 왜 볼 수 없습니까? (⇨엡 1:10)

   (답) 과거, 현재, 미래에 있기 때문

2. 우주적인 교회는 여럿일 수 있습니까? 그렇지 않습니까? 그 이유는 무엇입니까? (⇨엡 4:4,5)

   (답) 아니다. 몸도, 성령도, 주도 하나이다.

3. 교회는 누구들로 구성되는지 3가지로 말해 보십시오 (⇨벧전 2:9)

   (답) 택하신 족속, 왕같은 제사장, 거룩한 나라

4. 그리스도는 교회의 무엇이 되며, 교회는 그리스도의 무엇이 됩니까? (⇨골 1:18, 엡 1:23)

   (답) 머리, 몸

5. 유형적 교회의 구성요소 2가지로 써 보십시오 (⇨고전 1:2, 7:14, 마 13:13)

   (답) 성도, 주 이름을 부르는 자

6. 교회를 떠나서 구원이 정상적으로 가능할 수 있습니까? (⇨행 2:47)

   (답) 없다.

7. 그리스도께서 각 직분들을 교회에게 주신 목적은 무엇입니까? (3가지) (⇨엡 4:11~13)

   (답) 1) 성도를 온전케 하며 2) 봉사의 일 3) 그리스도의 몸을 세우려 하심

8. 교회가 세상 끝날까지 해야 할 일은 무엇인지 3가지로 말하십시오 (⇨마 28:19,20)

   (답) 1) 제자를 삼고 2) 세례를 주고 3) 가르쳐 지키게 하라

## 본 문 2

**4.** 이 보편적 교회는 어떤 때는 보이는 교회에 더 크게 나타나 보일 때가 있고, 또 어떤 때는 더 작게 나타나 보일 때도 있다. 이 보편적 교회에 속하는 개체 교회는 복음의 교리를 가르치고 받아드림과 성례의 집행과 공적 예배가 어떻게 시행되느냐에 따라 그 개체 교회가 더 순수하기도 하고 덜 순수하는데 대해서 참된 보편적 교회에 대한 식별정도가 결정된다(요 16:13, 고전 2:10-12).

**5.** 지상에 있는 교회는 얼마든지 혼잡과 잘못에 빠질 수 있는 경향이 있다. 어떤 교회는 전혀 사단의 모임이 될만큼 깊이 타락되고 만다. 그럼에도 불구하고 지상에는 하나님의 뜻에 따라 순종하며 예배하는 교회가 언제나 존재한다(계 2:39, 마 13:24~30, 시 72:17, 마 28:19,20).

**6.** 그리스도 외에는 교회의 머리가 없다. 로마의 교황도 어떤 의미로든지 교회의 머리가 될 수는 없다. 누구든지 교회에서 그리스도를 대항하여 자신을 높이는 자와 스스로 하나님이라고 부르는 자는 적 그리스도요, 멸망의 자식이다(골 1:18, 엡 1:22, 살후 2:3,4,8,9, 계 13:6).

### 중요한 이해 문제

**1.** 교회는 어떤 때 크게 보이고 어떤 때 작게 보여집니까?(⇨행 9:31, 롬 11:3)

(답) <u>주를 경외함과 성경의 위로로 진행될 때</u>

**2.** 어떤 일들에 따라 교회가 순결해집니까? (⇒계 2:3, 고전 5:6,7)

(답) <u>인내하고 예수 그리스도의 이름을 위하여 견디고 게으르지 아니할 때</u>

**3.** 지상에 완전한 교회가 있습니까? (⇒고전 13:12)

(답) <u>없다(부분적).</u>

**4.** 타락한 교회는 결국 어떻게 됩니까? (⇒계 2:22)

(답) <u>큰 환난을 당함.</u>

**5.** 어떤 교회가 참되고 건전한 교회입니까? (⇒마 16:18)

(답) <u>반석 위에 세운 교회</u>

**6.** 교황이 교회의 머리가 될 수 있습니까? (⇒골 1:18)

(답) <u>없다. 머리는 오직 예수 그리스도</u>

**7.** 누가 적 그리스도입니까? (⇒계 13:6)

(답) <u>하나님을 향하여 훼방하는 자</u>

**8.** 가장 이상적인 교회는 어떠한 교회인지 토의하여 보십시오 (⇒행 2:43~47)

(답) <u>각 사람의 필요에 따라 나누어 주고 마음을 같이 하여, 성전에 모이기를 힘쓰고 하나님을 찬미</u>

> 참 고

### 1. 교회의 어원적 의미

구약에서 교회의 주요한 칭호는 〈부르다〉(to call)를 뜻하는 어근에서 나온 말이며, 이 말은 특별히 예배하러 나온 이스라엘 회중에게 적용되었다. 그리고 신약의 교회라는 말도 역시 〈불러내다〉(to call out)의미하는 동사에서 나온 말이며, 이 말 역시 하나님의 부르심을 받은 회중을 지칭한 것이다. 신약에서는 예수께서 처음으로 이 〈교회〉라는 말을 사용했는데, 이 말은 자기를 주로 믿고 천국의 원리를 받아드린 군중에게 적용시켰다.

### 2. 교회의 성질에 대하여

① 교회는 이 땅의 죄악을 대항하여 싸우는 〈전투하는 교회〉라는 성격을 가지고 있다. 교회는 현실적으로 거룩한 전투에 종사하고 있다.

② 교회는 유형적인 면과 무형적인 두 면을 가지고 있다. 유형 교회란 외형적 조직을 가진 교회를 말하고 무형교회란 보이지 않은 영적 집합체를 말한다.

③ 교회는 또 유기체로서의 교회나 조직체로서의 교회인 두 면이 있다. 유기체적 교회는 신자들의 정신적 교통의 면을 이른 말이고, 조직체적 교회는 제도와 직위 등의 정치면을 이른 말이다.

### 3. 교회의 권세

교회에는 다음 세가지의 권세가 부여되어 있다.

① 교리권 혹은 교훈권—진리를 바르게 파악하고, 전하고, 수호할 권리를 가리킨다. 그래서 성경연구와 신경작성과 신학 연구가 필요한 것이다.

② 치리권—교회의 질서유지와 순결성의 유지에 필요한 권리이다. 그래서 교회 헌장과 권징의 제정이 필요하게 된 것이다.

③ 봉사권—모든 자선 행위를 통털어 일컫는 말이다. 선행은 본질상 복음적 생활과 합치된 것이다.

# 제 26 장
## 성도의 교제에 관하여
### of Communion of saints

**본 문 1**

**1.** 모든 성도는 성령과 믿음으로써 머리 되시는 그리스도와 연합되어 있다. 그리스도의 은총과 고난과 죽음과 부활과 영광 중에 그와 교제를 가진다. 그리고 성도들 끼리는 사랑으로 서로 연합 되어 각자가 받은 은사와 은총을 함께 나눈다. 또한 내적으로나 사적으로나 공적으로 상호간의 선을 이루기 위한 의무를 행하여야 한다(요 1:3, 빌 3:10, 딤후 2:12, 골 2:19).

**2.** 이미 신앙을 고백한 성도는 하나님께 대한 예배에 있어서 상호간의 덕을 세우기 위한 영적 봉사의 실시와 각자의 능력과 필요에 따라 외적으로 돕는 일과 거룩한 교제와 교통을 지속할 의무가 있다. 이러한 성도의 교제와 교통은 하나님이 기회를 주시는 대로 어느 곳에서든지 주님의 이름을 부르는 모든 사람에게까지 확장되어야 한다(히 10:24,25, 행 2:42,46, 사 2:3, 고후 8:9).

**중요한 이해 문제**

**1.** 성도의 교제는 누구와 함께 해야 합니까?(⇒요일 1:3)

(답) 하나님 아버지나 주 예수 그리스도

**2.** 성도들끼리 서로 무엇을 가지고 연합해야 합니까?(⇨엡 4:15,16)

(답) _사랑_

**3.** 성령의 은사가 같을 수 있습니까?(⇨고전 12:4~11)

(답) _은사는 여러 가지이다._

**4.** 성도는 어떤 의무를 행해야 하는지 5가지만 말해보십시오.(⇨살전 5:11,14)

(답) _권면하고 덕을 세우고, 안위, 붙들어 주고 인내_

**5.** 성도의 교제는 어떤 일에서부터 견고해집니까?(⇨히 10:24,25)

(답) _서로 돌아보고 사랑과 선행을 격려하는 것에서_

**6.** 우리는 성도의 교제에 대한 가장 이상적인 모습을 어디서 찾아볼 수 있습니까?(⇨행 2:42~47)

(답) _모이기를 힘쓰고 하나님을 찬미하며 구원받는 사람이 날마다 더하게 되는 것_

**7.** 성도의 교제는 어디까지 확장되어야 합니까?(⇨요일 3:17)

(답) _주님의 이름을 부르는 모든 사람에게_

---

## 본 문 2

**3.** 성도들이 그리스도로 더불어 교제한다는 것이 마치 그들로 하여금 그리스도의 신성의 본체에 조금이라도 참여할 수 있다거나 그리스도와 동등하다는 것을 의미하는 것은 절대로 아니다. 이들 중 어느 것 하나라도 인정하게 되면 그것은 곧 불경건하고 망령된 일

이다. 또한 성도가 서로 가지는 이 교제는 각자가 소유하는 물건이나 재산 권리나 소유권을 탈취하거나 침해하는 것은 아니다(골 1:18, 사 42:8, 출 20:15, 엡 2:28).

## 중요한 이해 문제

**1.** 그리스도는 누구의 본체입니까?(⇨빌 2:6)

(답) _근본 하나님_

**2.** 그리스도와 우리가 어찌하여 동등하게 될 수 없는지 3가지만 적어보십시오(⇨골 1:18,19)

(답) _교회의 머리, 근본, 만물의 으뜸_

**3.** 성도의 교제가 재산권이나 소유권의 침해가 되어도 괜찮습니까?(⇨행 5:1)

(답) _안 된다(아나니아와 삽비라 사건)._

**4.** 초대교회의 재산공유 정신에서 우리가 배울 점은 무엇입니까?(⇨행 2:44,45)

(답) _필요에 따라 나누어 주는 것_

**토의와 적용**

### 교제의 범위에 대하여 서로 나누십시오

교회란 하나님께서 불러 내신 신자들의 집합체인 만큼 신자들의 교제는 그 의미에 있어 교회와 불가분의 관계가 있다. 교회의 머리는 그리스도요. 신자들은 그 지체들이라는 점에서 더욱 그렇다.

더 나아가 교회는 세상에서 그 범위를 확장시켜 나아가야 할 사명이 있는 점에서 세상과 또 불가분의 관계를 가지고 있다. 그러나 믿지 않는 불신자들과 멍에를 같이 하는 것은 한계가 있다.

# 제 27 장
## 성례에 관하여
### of the Sacraments

**본 문 1**

**1.** 성례는 은혜 계약의 거룩한 표요 인침이다. 이것은 하나님이 직접 제정해 주신 것이다. 성례는 그리스도와 그 주시는 은혜를 나타내고 그 안에 있는 우리의 관심을 견고하게 하며 교회에 속한 사람과 세상에 속한 사람을 뚜렷하게 구별시키는 것이다. 뿐만 아니라 성도들로 하여금 하나님의 말씀을 따라 그리스도 안에서 하나님을 엄숙하게 섬기도록 하기 위해 제정하신 것이다(롬 4:11, 고전 11:23, 갈 3:27, 창 34:14, 고전 10:16).

**2.** 모든 성례에는 표와 그 뜻하는 것 사이에 영적 관계, 또는 성례적 연합이 있다. 그러므로 실체(예수 그리스도의 살과 피)의 명칭이 그 표(성찬의 떡과 포도주)로 불려진다(갈 1:8,9, 고전 14:26).

**중요한 이해 문제**

1. 성례는 무슨 계약의 표와 인침입니까?(⇒롬 4:11)

   (답) 은혜 계약(믿음으로 된 의)

2. 성례는 누가 제정해 주었습니까? (⇨마 28:19)

(답) __하나님__

3. 성례는 그리스도와 우리의 관계를 어떻게 만듭니까? (⇨갈 3:27)

(답) __그리스도와 합하여 옷입혔다.__

4. 성례는 어떤 사람들을 뚜렷이 구별시킵니까? (⇨고전 10:21)

(답) __주의 잔, 귀신의 잔 (교회와 세상 사람)__

5. 성례를 행하는 궁극적 목적은 무엇입니까? (⇨롬 6:3,4)

(답) __하나님을 섬기며 새생명 가운데서 행하게 하기 위해__

6. 성례는 표와 그 뜻 사이에 어떤 관계가 있습니까? (⇨창 17:10)

(답) __영적 관계__

7. 성례의 효과는 의식에 있습니까? 내면의 변화에 있습니까? (⇨딛 3:5)

(답) __내면 (중생의 씻음과 성령의 새롭게 하심)__

## 본 문 2

3. 올바르게 집행된 성례라든지 또 그것을 통해서 나타난 은혜는 성례 자체에 무슨 힘이 있거나, 그것을 집행하는 사람의 경건이나 의도에 따라서 효력이 나타나는 것은 아니다. 그것은 성령의 역사로 말미암아 나타나는 것이며 그리스도께서 성례를 제정하신 말

씀에 의한 것이다. 다시말하면, 성례를 행하라는 주님의 명령과 성례를 합당하게 받는 사람에게 주는 은사의 약속이 포함되어 있다 (롬 2:28, 벧전 3:21, 마 3:11, 고전 12:13).

4. 그리스도께서 제정하신 성례식은 오직 두 가지의 성례만이 있다. 세례와 성찬이 그것이다. 이 두 성례는 아무나 베풀지 못하고 반드시 합법적으로 세움을 받은 하나님의 말씀의 사역자인 목사로 말미암아 집행되어야 한다(마 28:19, 고전 11:20, 히 5:4).

5. 구약의 성례도 영적 의미에 있어 본질적으로 신약의 성례와 같다(고전 10:1~4, 고전 5:7,8).

## 중요한 이해 문제

**1.** 성례의 은혜는 무엇으로 말미암아 나타납니까?(⇨마 3:11)

(답) ___성경의 역사___

**2.** 성례의 의식은 어떤 가치가 있습니까?(⇨벧전 3:21)

(답) ___구원하는 표___

**3.** 말씀은 성례 안에 무엇을 약속해 주고 있습니까?(⇨마 28:19,20)

(답) ___은사의 약속___

**4.** 성례는 몇가지가 있습니까?(⇨고전 11:20,23)

(답) ___세례와 성찬___

**5.** 성례는 누가 집행해야 합니까?(⇨히 5:4)

(답) __하나님의 부르심을 입은 자__

**6.** 구약의 성례는 어떤 점에서 신약의 성례와 같습니까?(⇨고전 10:1~4)

(답) __영적인 의미(신령한)__

> **토의와 적용**
>
> 성례의 구성을 통해서 천주교와 개신교의 차이를 토의하십시오
>
> 신약시대에는 성례로서 세례와 성찬, 두가지를 시행했었다. 그러나 카톨릭 교회는 거기에다. 견진, 고해, 성직, 혼인, 종유등을 더하여 7가지의 성례를 주장하고 유포시켰다. 그러다가 개혁자들에 의하여 다시 성경적 근거가 확실한 세례와 성찬만을 성례로서 다시 확인하고 나서 시행했던 것이다.

# 제 28 장
# 세례에 관하여
## of Baptism

### 본 문 1

**1.** 세례는 예수께서 제정하신 신약의 성례이다. 그것은 유형적 교회(보이는 교회)에 엄숙하게 가입시키는 것 뿐만 아니라 그리스도에게 접붙임을 받고 중생과 사죄와 하나님께 자신을 봉헌하는 은혜 계약의 인침을 의미한다. 이 성례는 세상 끝날까지 교회 안에서 집행될 것이다(막 16:16, 롬 4:11, 딛 3:5, 행 2:38).

**2.** 성례에서 사용하는 외적 요소는 물이다. 합법적으로 안수를 받은 목사가 이 물로써 성부와 성자와 성령의 이름으로 세례를 베풀 것이다(마 3:11, 요 1:33, 마 28:19, 행 8:36, 10:47).

**3.** 세례받을 사람을 반드시 물 속에 잠기게 할 필요는 없다. 다만 바른 방법은 세례받는 사람의 머리 위에 물을 붓든지 뿌려서 베푸는 것이 합당한 방법이다(히 9:10, 행 2:41, 고전 10:2, 막 7:4).

**4.** 세례는 그리스도를 실제로 믿고 순종할 것을 공적으로 고백하는 성도들 뿐만 아니라 부모가 다 믿거나 한편만 믿는 자의 유아라도 세례를 받을 수 있다(행 9:18, 창 17:7, 갈 3:9, 골 2:11).

## 중요한 이해 문제

1. 세례란 무엇입니까? (⇨벧전 3:21)
   (답) _예수 그리스도의 부활하심으로 말미암아 구원하는 표_

2. 세례는 누가 제정하셨습니까? (⇨마 28:19)
   (답) _예수 그리스도_

3. 세례의 집행은 언제까지 계속될 것입니까? (⇨마 28:19,20)
   (답) _세상 끝날까지_

4. 세례에서 사용하는 외적 요소는 무엇입니까? (⇨마 3:11)
   (답) _물_

5. 세례는 누구의 이름으로 누가 집행합니까? (⇨마 28:19)
   (답) _성부, 성자, 성령의 이름 합법적으로 안수받은 목사가_

6. 세례의 가장 합당한 방법은 어떤 것입니까? (⇨히 9:10, 19~22)
   (답) _물을 붓든지 뿌리는 방법_

7. 세례는 누가 받을 수 있을까요? (⇨행 9:17,18)
   (답) _예수를 믿음으로_

8. 유아 세례의 근거는 무엇이며 또 어떤 경우에 집행할 수 있습니까? (⇨행 16:14, 창 17:7)
   (답) _후손 사이에 세운 언약, 부모가 다 믿거나 한 사람만 믿어도_

## 본 문 2

**5.** 세례를 모독하거나 무시하는 것은 큰 죄악이다. 그러나 세례를 받지 않았다고 해서 그 사람이 중생한 사람이 아니라든지 또 세례를 받은 사람은 모두 중생했다고 말할 수 없다. 그렇다고 해서 세례와 구원이 불가분의 관계가 있는 것은 아니다(눅 7:30, 롬 4:11, 행 10:2, 8:13,33).

**6.** 세례의 효과는 그것이 집행되어지는 시간에만 발생한다고 말할 수 없다. 그러나 이 성례를 바르게 행함으로써 약속된 은혜가 하나님의 뜻에 따라 일정한 때에 연령의 차이가 없이 어른에게나 아이에게나 한결같이 성령으로 말미암아 약속된 은혜가 제공될 뿐만 아니라 실지로 부여 된다(요 3:5,8, 갈 3:27, 엡 5:25, 행 2:38).

**7.** 세례는 누구에게나 단 한번만 베풀 것이다(딛 3:5).

### 중요한 이해 문제

1. 세례를 무시하는 일은 누구를 무시하는 일입니까?(⇒눅 7:30)

   (답) _하나님의 뜻_

2. 세례를 받지 않고는 중생할 수 없습니까?(⇒롬 4:11)

   (답) _있다._

3. 세례를 받은 사람은 다 중생한 사람입니까?(⇒행 8:13,33)

   (답) _아니다(시몬도 세례를 받았다)._

4. 세례의 효과는 누구로 말미암아 제공됩니까? (⇨행 2:38)

(답) _예수 그리스도_

5. 세례가 연령차이에 관계가 있습니까? (⇨행 2:41)

(답) _없다(말씀을 받은 사람)._

6. 세례는 몇 번이나 받아야 합니까? (⇨딛 3:5)

(답) _1번_

---

| 토의와 적용 |
|---|

**1. 세례에 있어 침례와 적례문제에 대해서 토의하십시오**

세례에는 침례와 적례, 두 가지 방법이 있다. 물론 성경에 기록된 세례는 침례를 가리킨 것이었다.

그러나 세례의 본질적 의미가 상징적인데 있는 만큼 침례만을 유일한 방법이라고 주장한다면 큰 곤란이 생긴다. 세례를 〈씻어 정결케 한다〉는 의미와 관련시켜 보면 더욱 그렇다. 우리는 구약성경이 인간을 정화시킴에 있어 자주 〈물을 뿌림으로써〉 그렇게 되어진다는 교훈도 유념할 필요가 있다(겔 36:25, 민 8:7, 시 51:7).

**2. 유아세례에 대한 성경적 근거와 반대하는 입장 (침례교)에 대해서 나누어 보세요**

유아세례에 대해서는 그 합법성에 의견이 일치되지 못하고 있다. 그리하여 유아세례를 반대하는 교파들이 있는 것이다.

그러나 성경은 유아세례의 합법성을 몇가지 제시해 주고 있다.

① 하나님께서 아브라함과 맺은 언약은 민족적인 면을 내포하고 있다.
② 이 언약은 신약시대의 〈새언약〉과 본질적으로 동일하다.
③ 구약시대에 어린아이가 할례를 받은 것은 언약의 은혜에 참여한 것을 의미했다.
④ 신약에 와서의 세례는 곧 언약의 은혜에 들어가는 표와 인침이다.
⑤ 신약은 조금도 모순없이 가족이 모두 함께 세례를 받았다고 언급하고 있다.

# 제 29 장
## 주의 성찬에 관하여
### of the Lord's supper

**본 문 1**

**1.** 예수께서 자기의 몸과 피로 말미암아 성례를 교회에서 세상 끝날까지 지키도록 제정하셨다. 이것이 곧 주님의 성찬이다. 이것은 자기의 죽음을 통해서 자신을 친히 희생 제물로 드린 것을 항상 기억케 한다. 참 신자에게 모든 은혜가 임했다는 보증의 표요 그 안에서 신자들이 영적 양식을 얻어 장성케 하고, 예수 그리스도와 더불어 교제의 줄이 되고, 약속이 되며, 우리로 그의 신비적 몸의 지체가 되기도 한다(고전 11:23~26, 10:16, 12:13).

**2.** 이 성찬 예식에 있어서 그리스도는 다시 성부에게 바쳐진다는 의미가 아니다. 또 산 자나 죽은 자의 사죄를 위해서 드려지는 실제적인 희생의 제물도 아니다. 다만 그것은 제물로 드려진 그리스도의 몸을 기념하는 일에 지나지 않는다. 그런데 천주교에서는 성찬을 미사라 하여 성찬 거행시마다 그리스도를 실제적 속죄제물로 드려지는 것이라고 한다. 그러나 그것은 진정한 제사의 의미를 손상시키는 것이다(히 9:22,25,26,28, 마 26:26, 눅 22:19,20, 히 7:23,24, 10:11,12,14,18).

## 제29장 주의 성찬에 관하여

### 중요한 이해 문제

**1.** 첫번 성찬은 언제 어디서 행하였습니까?(⇒마 26:17~29)

(답) 유월절 성안 아무개의 집

**2.** 성찬은 누가 제정하셨습니까?(⇒마 26:26)

(답) 예수 그리스도

**3.** 성찬은 무엇을 전하도록 한 것입니까?(목적) (⇒고전 11:26)

(답) 주의 죽으심을 오실 때까지

**4.** 성찬은 무엇을 기념토록 한 것입니까?(⇒고전 11:24,25)

(답) 몸과 피로 세운 새언약

**5.** 성찬을 통하여 신자는 무엇을 얻게 됩니까?(⇒고전 12:12~13)

(답) 하나의 지체

**6.** 천주교 신부의 제사나 미사로 우리의 죄가 없어집니까?(⇒히 9:22,25,26,28)

(답) 피 흘림(예수 그리스도) 없이 사함이 없다.

**7.** 천주교 미사는 왜 참된 성찬의 손상이 됩니까?(⇒히 10:11)

(답) 제사는 죄를 없이 못한다.

## 본 문 2

**3.** 예수께서는 이 예식을 위하여 목사들을 택하여 성례 제정의 말씀을 선포하고, 떡과 포도주를 축사하여 그것을 거룩하게 사용케 하셨다. 그러나 그때 회중에 참석치 않는 자에게는 나누어 주지 못한다(마 26:26~28, 눅 22:19, 행 20:7, 고전 11:20).

**4.** 이 성례를 사적 예배나 어떤 사람에게서 홀로 받거나 또는 일반 신자에게 잔을 나누어 주지 않거나 떡과 포도주를 경배하거나 그것을 성물처럼 우대하거나 또는 비정상적인 사용을 위하여 보관하는 일 또는 참석하지 못한 자에게도 주려고 보관하는 일은 성례의 본질에 대해서 뿐만 아니라 그리스도의 뜻에도 모순되는 것이다(고전 10:6, 고전 11:25~29, 마 15:9).

### 중요한 이해 문제

**1.** 성찬은 누가 집행합니까? (⇒마 26:26~28)

(답) _목사_

**2.** 예식을 위한 목사들이 하는 일의 순서는 어떤 것들이 있습니까? (⇒막 14:22~24)

(답) _떡을 가지고 축복하고, 잔을 가지고 사례하고_

**3.** 어떤 신자들이 성찬을 받게 됩니까? (⇒고전 11:28)

(답) _자기를 살핌._

**4.** 성찬의 자리에 참석치 않은 사람에게도 떡과 잔을 나눠줄 수 있습니까? (⇨행 20:7)

(답) <u>못한다.</u>

**5.** 왜 사적인 미사나 예배에서의 성찬은 잘못입니까? (⇨고전 10:6)

(답) <u>성물처럼 우대, 비정상적으로 사용하기에</u>

**6.** 떡이나 포도주를 경배하거나 존경하는 일은 왜 성찬 제정의 뜻에 어긋납니까? (⇨마 15:9)

(답) <u>그리스도의 뜻에 모순</u>

**7.** 성찬의 궁극적인 교훈은 무엇입니까? (⇨요 6:53,54)

(답) <u>주님의 죽음과 부활을 상징</u>

## 본 문 3

**5.** 이 성례의 외적 요소는 그리스도께서 정하신 대로 정당하게 사용하도록 구별하기 위하여 물질 그대로 떡과 포도주라고 부르기도 하나 때로는 곧 그리스도의 살과 피라고 부른다. 그러나 그렇게 부른다 해도 실제와 본질에 있어서는 전과 조금도 다름이 없이 단순히 떡과 포도주 그대로 남아 있다(마 26:26~28, 고전 11:26~28).

**6.** 신부가 축사하거나 또는 다른 방법을 통해서 떡과 포도주의 실제가 그리스도의 참 살과 피로 변한다고 주장하는 소위 화체설은 성경에 모순될 뿐만 아니라 상식과 이성에도 모순된다. 또한 그것은 성례의 본질을 무너뜨린 생각이며 과거나 현재에 있어서도 여러 가지 미신의 원인이 되어 왔고, 실로 큰 우상숭배의 원인이 되어 왔다(행 3:21, 고전 11:24~26, 눅 24:6,39).

## 중요한 이해 문제

**1.** 예수께서는 떡과 포도주를 들고서 왜 자기의 살과 피라고 불렀습니까? (⇨ 마 26:26,28)

(답) _죄사함을 얻게 하려고 흘린 언약_

**2.** 성례에서 사용하는 떡과 포도주를 그리스도의 살과 피라고 부른다하여 떡과 포도주의 실체와 본질이 달라집니까? (⇨ 고전 11:26~28)

(답) _아니다._

**3.** 신부가 축사하면 떡과 포도주가 곧 그리스도의 살과 피로 변한다는 소위 카톨릭 교회가 가르치고 있는 화체설은 왜 성경에 어긋난 것입니까? (⇨ 고전 11:25)

(답) _기념하라고 했다(미신, 우상 숭배의 원인이 됨)._

**4.** 화체설이 상식과 이성에도 모순된다는 점을 지적해 보십시오 (⇨ 눅 24:39)

(답) _영은 살과 뼈가 없다._

### 본 문 4

**7.** 이 성찬을 통하여 외적인 요소를 합당하게 받는 신자들은 내적으로도 진정한 믿음(떡과 포도주)을 받아들여 영적으로 십자가에 달린 그리스도를 받아 들이고 그에게 양육을 받는다. 또한 그의 죽음이 가지고 있는 모든 은사를 믿음으로 성찬을 받는다. 떡과 포도주가 실제로 그리스도의 살과 피가 되는 것은 아니지만 그러나 이 성례를 통하여 살과 피가 의미하는 그대로 신자들의 믿음에 현실적인 동시에 영적으로 나타난다(고전 11:28, 5:7,8, 10:16).

**8.** 이 성례에 부당하게 참여하는 것은 주의 살과 피에 대한 죄가 되며 자기의 파멸을 가져오게 된다. 그러므로 모든 무지하고 불경건한 사람들은 그리스도와의 교제에 합당치 않으므로 그들은 주의 성찬에 참석할 자격이 없다. 그리고 그리스도에 대해 큰 죄는 범하지 아니하였으나 무지하고 불경건한 상태로 있으면서 회개하지 않는 동안에는 사실상 성찬에 참여할 자격도 없고 참여가 허락되는 것도 부당한 일이다 (고전 11:27~29, 고후 6:`4~16, 10:21, 5:6, 살후 3:6, 마 7:6).

## 중요한 이해 문제

**1.** 이 성례를 합당하게 받는 그리스도인은 영적으로 어떤 유익을 받게 됩니까? (⇨고전 5:7,8)
  (답) <u>그리스도에 의해서 양육</u>

**2.** 떡과 포도주를 먹고 마시는 것은 결국 누구를 받아들이는 일입니까? (⇨요 6:51)
  (답) <u>예수 그리스도</u>

**3.** 떡과 포도주의 본질이 변함이 없는데 왜 영적인 효과를 얻게 됩니까? (⇨고전 10:16)
  (답) <u>그리스도의 몸에 참여하는</u>

**4.** 이 성례에 부당하거나 불경건한 태도로 참여하게 되면 어떤 결과를 가져오는지 2가지로 말하십시오 (⇨고전 11:27~32)
  (답) <u>1)자기 죄를 먹고 마신다. 2)주의 징계를 받음.</u>

**5.** 성례에 참예하는 일에 어떤 사람이 합당하고 어떤 사람이 합당치 않습니까? (⇨고전 11:27~32)
  (답) <u>자기를 살피는 자, 분변치 못하는 자</u>

**6.** 특히 어떤 사람들을 성례에 참예치 못하도록 해야 합니까?(⇨고후 6:14~16)

(답) _믿지 않는 자, 불법을 행하는 자_

---

**토의와 적용** | 표징과 인침으로서의 성찬에 대해서 서로 토의하십시오

성찬은 풍부한 은혜에 주의를 향하게 하는 하나님의 약속의 표징이며 인침이다. 그것은 곧 그리스도의 사랑에 참여한다는 표징이며 복음이 제시하는 것들을 모두 자기의 것으로 받아드린다는 확증이다.

성찬의 의의를 다음 몇가지 점에서 찾아볼 수 있다.
① 그것은 주님의 죽음을 상징적으로 표현한 것이다(고전 11:26).
② 그것은 주님의 죽음에 나도 참여한다는 상징이다(고전 10:26).
③ 그것은 영적 음식의 효과를 나타낸다(요 6:56).
④ 그것은 그리스도와 신자의 연합을 상징한다(고전 10:26).

# 제 30 장
# 교회의 권징에 관하여
## of church censures

### 본 문 1

**1.** 예수께서는 자기 교회의 왕과 머리가 되시므로 위정자(세상 정권)와는 구별되는 교회 직원들에게 치리권을 위임해 주셨다(사 9:6, 딤전 5:17, 시 2:6~9, 요 18:36).

**2.** 교회의 직원에게 천국의 열쇠가 맡겨져 있다. 그들이 받은 치리권으로 할 수있는 일은 하나님의 말씀과 권징을 사용하여 죄를 정하기도 하고 사할 수도 있으며, 회개하는 자에게는 복음의 사역과 적합한 때에 권징을 사면함으로써 천국 문을 열어 줄 응분의 권한을 가지고 있다(마 16:19, 요 20:21~23, 고후 2:6~8).

### 중요한 이해 문제

1. 그리스도는 어떤 분입니까?(⇨사 9:6)

   (답) _기묘자, 모사, 전능하신 하나님, 평강의 왕_

2. 교회 정치는 왜 위정자들과 구별됩니까?(⇨요 18:36)

   (답) _하나님 나라는 이 세상에 속한 것이 아니기에_

**3.** 천국 열쇠가 누구에게 맡겨졌습니까? (⇨마 16:19)

(답) _그리스도인, 교회_

**4.** 천국 열쇠란 어떤 일을 두고 이른 말입니까? (⇨요 20:21~23)

(답) _말씀을 통해서 처음 정하기도 사하기도 함(허개)._

**5.** 회개치 않는 자는 어떻게 해야 합니까? (⇨고후 2:6)

(답) _벌_

**6.** 회개하는 자는 어떻게 해야 합니까? (⇨고후 2:10)

(답) _용서_

## 본 문 2

**3.** 교회의 권징은 과오를 범한 형제를 고쳐서 잃어 버리지 않기 위해 필요하다. 다른 형제들이 같은 과오를 범하는 것을 방지하며, 온 교회에 퍼질 것으로 우려되는 누룩을 없애고, 그리스도의 영광과 복음의 거룩한 직책을 옹호하고 하나님의 진노를 멈추어지도록 하기 위하여 필요하다. 또한 교회 안의 패역한 사건은 하나님과 맺은 언약과 그 말씀의 영예를 더럽힐 수 있다. 그럼에도 불구하고 교회가 그 사건을 처리하지 아니하고 그대로 둔다면 하나님은 그의 진노를 교회 위에 내리신다(딤전 5:20, 마 7:6, 딤전 1:20, 고전 11:27~34).

**4.** 이 목적을 더 효과적으로 달성하기 위하여 교회의 직원은 먼

저 훈계로 부터 시작하고 다음엔 얼마간 성례 참석을 정지하고(수찬정지), 범죄의 성격과 본인의 과실에 따라서는 교회에서 출교 등으로 처리한다(살전 5:12, 살후 3:6, 고전 5:4,5, 마 18:17, 딛 3:10).

## 중요한 이해 문제

**1.** 교회의 권징이 왜 필요한지 4가지로 말하십시오(⇨고전 5: )

(답) 1) 잃어버리지 않기 위해 2) 다른 사람에게 저전연 방지 3) 그리스도 영광 옹호 4) 하나님의 진노를 멈추기 위해

**2.** 권징은 범죄한 영혼을 어떻게 만듭니까?(⇨히 12:11~13)

(답) 고침

**3.** 어떤 때 하나님은 교회 위에 진노를 내리십니까?(⇨딤전 1:20)

(답) 교회가 권징해야 할 때 하지 못할 때

**4.** 권징은 다른 사람들에게 어떤 영향을 줍니까?(⇨딤전 5:20)

(답) 두려움

**5.** 직원은 범죄자에게 어떤 순서로 권징해야 합니까?(⇨살후 3:6)

(답) 그리스도의 이름으로 훈계(시벌의 종류 참고)

**6.** 어떤 경우에 교회에서 제명해야 합니까?(⇨고전 5:2,4,5,13)

(답) 악한 사람

| 토의와 적용 |
|---|

### 책벌 제정의 이유와 용서에 대해서

여기에는 두 가지 이유가 있다. 첫째는 신자를 용납하는 것과 제거하는 일에 대한 그리스도의 율법을 효과있게 수행코자 하는데 있고, 둘째는 신자들로 하여금 그리스도의 율법에 순종케 함으로써 그들의 영적 건덕을 증진시키려는데 있는 것이다. 한마디로 책벌은 교회의 순결성을 보존하는데 공헌하고 있다.

### 시벌의 종류

1. 권계 : 교회 건덕상 주의를 촉구하고 충고하는 것
2. 견책 : 상당한 과실이 있어 엄히 책망하고 회개하여 스스로 시정하도록 촉구
3. 정직 : 맡은 직분을 정지시킴. 범죄의 경중에 따라 유기, 무기 정직을 하되 수찬정지를 겸하여 과할 수 있다.
4. 면직 : 맡은 직분을 박탈하며 수찬정지를 겸하여 과할 수 있다.
5. 수찬정지 : 성찬에 참여하지 못하게 하는 것으로 죄가 중대하여 교회와 주의 성호에 욕이 되게 한 자에게 죄하는 시벌
6. 출교 : 불신자와 같이 인정하여 교회의 출석을 금하는 것으로서 끝까지 회개하지 않는 증벌된 자 또는 이단에 가입하여 돌아오지 아니한 자에게 과하는 시벌

# 제 31 장
# 총회와 공의회에 관하여
## of Synods and Councils

### 본 문 1

**1.** 교회는 정치와 건덕을 위해 총회나 공의회가 필요하다. 개교회의 감독자들과 치리들은 그리스도께서 주신 직분과 권세로 그 같은 회의들을 설립하고 그들의 교회의 유익을 위하여 편리하다고 판단되는 대로 자주 이런 모임들을 소집하는 것이 그들의 권한이다 (행 15:2,4,6, 행 15:22-26, 행 20:17).

**2.** 믿음에 관한 논쟁과 양심의 문제를 결정하고 하나님에 대한 공적예배에 관하여 더 좋은 질서를 위한 규칙과 지시를 하는 것과, 교회의 정치에 관한 것과, 어떤 잘못이 생길 때 그것을 권위있게 처리하는 것은 사역적으로 총회와 공의회에 속한다. 이 회에서 발표한 명령이나 결정은 그것이 하나님의 말씀에 합치되는 한 귀중하게, 그리고 순종하는 마음으로 받아들여야 한다. 그것은 말씀안에서 정해 주신 하나님의 제도로서 권위가 부여되어 있기 때문이다 (행 15:15, 16:4, 마 18:17~19).

## 중요한 이해 문제

1. 교회에 총회와 공의회가 필요한 것은 무엇 때문입니까?(⇨행 15:2,4,6)
   (답) _교회 정치와 건덕을 위해_

2. 총회와 공의회는 누가 설립했습니까?(⇨행 15: )
   (답) _초대 교회 지도자_

3. 그 직분과 권한은 누가 준 것입니까?(⇨행 15: )
   (답) _그리스도_

4. 총회나 공의회는 누구의 유익을 위하여 그 권한을 써야 합니까? (⇨행 20:17,15)
   (답) _교회_

5. 총회나 공의회에서 처리하는 일들은 어떤 것들인지 4가지만 써 보십시오.(⇨행 15:15,19,24,27~31)
   (답) _믿음에 관한 논쟁, 양심의 문제, 교회의 정치, 잘못 생길 때 권위있게 처리_

6. 이 회의에서 발표한 명령이나 결정은 왜 순종해야 합니까?(⇨행 15:28)
   (답) _하나님의 말씀에 합치될 때 하나님의 권위가 부여되었기에_

7. 회의의 제도에는 누구의 권위가 부여되어 있습니까?(⇨마 18:17~19,29)
   (답) _하나님_

8. 총회, 공의회의 정회원은 누구입니까?(⇨행 15:23)
   (답) _사도(목사)와 장로_

## 본 문 2

**3.** 사도 시대로 부터 일반회 특별한 모임의 구별없이 모든 육체적 평안에 안주(安住)하지 않도록 한 것이며, 또 언제 었다. 그러므로 공의회와 협의회를 믿음과 실생활의 법칙으로 생각할 것이 아니라 다만 돕는 것으로 사용해야 한다(행 17:11, 고전 2:5, 고후 1:4, 엡 2:20).

**4.** 총회나 공의회는 교회에 관한 사건 이외의 것을 취급하거나 결정해서는 안된다. 그리고 특별한 경우에 있어서 겸손한 청원이나 위정자로 부터 어떤 요구가 있을 때는 양심에 따라 충고를 할 수 있으나 그 밖의 방법으로 나라의 일에 간섭할 수는 없다(눅 12:13, 요 18:36).

### 중요한 이해 문제

**1.** 총회나 공의회 등의 결정은 전혀 과오가 없을까요?(⇨고전 2:5)

(답) _하나님의 능력_

**2.** 지난 날의 예는 어떠했습니까?(⇨사 59:7)

(답) _저악의 사상을 통하여 황폐되었음._

**3.** 회의의 결정을 믿음과 실생활의 법칙으로 여겨도 됩니까?(⇨고후 1:4)

(답) _아니다. 돕는 것으로_

**4.** 신자는 회의의 결정을 어떻게 받아들이는 것이 좋습니까? (⇨ 행 17:11)

(답) _신사적으로 겸손하게_

**5.** 어떤 때, 다른 사람에게나 위정자를 충고할 수 있습니까? (⇨ 행 24:24)

(답) _양심에 따른 충고_

**6.** 그 밖에 다른 어떤 방법으로 나라 일을 간섭할 수 있습니까? (⇨ 요 18:36)

(답) _없다._

# 제 32 장
# 사람의 사후상태와 부활에 관하여
## of the state of men After Death and of the Resurection of the Dead

### 본 문 1

**1.** 사람의 육체는 죽은 후에 티끌로 돌아 가서 썩어 버린다. 그러나 그들의 영혼은 죽거나 자는 것이 아니라 멸하지 않고 그것을 주신 창조자 하나님께로 돌아간다. 의인의 영혼은 죽은 즉시 완전히 거룩하게 되어 지극히 높은 하늘에 올라 가서 거기서 빛과 영광 가운데서 하나님의 얼굴을 뵈오며 그들의 육신이 완전히 구속되기를 기다린다. 그러나 악한 자의 영혼은 지옥에 던져져 거기서 고통과 어두운 가운데서 대심판을 기다리게 된다. 성경은 육신이 죽은 후에 그 영혼이 갈 장소로서 이 두가지 외에는 아무 것도 가르쳐 주지 않는다(창 3:19, 히 12:23, 빌 1:23, 유 6,7, 벧전 3:19).

### 중요한 이해 문제

1. 사람의 육체는 죽은 다음 어떻게 됩니까? (⇨창 3:19)

 (답) _흙으로_

제32장 사람의 사후상태와 부활에 관하여  175

**2.** 사람이 죽으면 그 영혼은 어디로 갑니까? (⇨눅 23:44,46)

(답) _창조자 하나님_

**3.** 의인은 죽은 다음 어떻게 됩니까? (⇨히 12:23)

(답) _낙원_

**4.** 악인은 죽은 다음 어떻게 됩니까? (⇨눅 16:23,24)

(답) _음부_

**5.** 사람이 죽은 다음 그 영혼도 죽는다거나 그 영혼이 잠자는 상태로 들어간다는 가르침은 왜 잘못된 것입니까? (⇨요 5:29)

(답) _생명과 심판의 부활로 나아감._

## 본 문 2

**2.** 예수님이 재림하실 날에 살아남아 있는 성도들은 죽지 않고 변화될 것이다. 그리고 모든 죽은 자들도 전과같은 동일한 몸으로 부활할 것이다. 이 부활체는 질적으로 전과 다른 것이나 영혼은 이 육체와 하나가 되어 영원토록 계속될 것이다(살전 4:17, 고전 15:51, 52, 욥 19:26,27, 고전 15:42~44).

**3.** 마지막 심판 날에 불의한 자들의 육체는 그리스도의 권능으로서 능욕을 당하기 위해 부활한다. 그러나 의로운 자들의 육체는 그리스도의 영으로 말미암아 영광을 얻기 위해 부활하여 그리스도 자신의 영광스런 몸과 같게 된다(행 24:15, 요 5:28, 고전 51:43, 빌 3:21).

## 중요한 이해 문제

1. 끝 날에 살아 남아 있는 자는 어떻게 됩니까? (⇨고전 15:51,52)

   (답) __홀연히 변화__

2. 모든 죽은 자들은 끝 날에 어떻게 됩니까? (⇨욥 19:26,27)

   (답) __하나님을 본다.__

3. 부활 전과 그 후의 육체는 같습니까, 다릅니까? (⇨고전 15:42)

   (답) __다르다.__

4. 부활 후에는 육체와 영혼이 어떻게 됩니까? (⇨고전 15:44)

   (답) __신령한 몸으로__

5. 불의한 자의 몸은 어떻게 되기 위하여 부활됩니까? (⇨요 5:28,29)

   (답) __심판__

6. 의로운 자의 몸은 어떻게 되기 위하여 부활됩니까? (⇨요 5:28,29)

   (답) __생명__

7. 만일 부활이 없다면 그 결과는 어떻게 되겠습니까? (⇨고전 15:13~19)

   (답) __믿음도 헛됨. 우리가 가장 불쌍한 자__

**토의와 적용**

### 인간의 구성요소와 신자의 부활에 대해서

#### 1. 인간의 구성요소
인간의 구성요소에 대해서 다음 두가지 설이 있다.

① 2분설(Dichotomy)~인간은 두 요소, 곧 육체(body)와 혼(soul) 혹은 영(Spirit)으로 구성되어 있다는 설이다. 이것은 인간구성에 대하여 통상적인 견해이다.

② 3분설(Tyichotomy)~이 설은 인간은 세 요소, 곧 육체와 영과, 혼으로 되어 있다고 생각한다. 이 견해는 성경보다 헬라철학의 영향을 많이 받은 것이다.

#### 2. 신자의 부활
성경은 의인과 악인이 다 부활한다고 가르치고 있고(요 5:29), 그러나 악인보다 의인이 먼저 부활한다고 가르치고 있다. 물론 악인의 부활은 심판을 위하여 행해지는 것이지만 의인, 곧 신자의 부활은 구속과 영화를 얻기 위하여 행하여 진다.

# 제 33 장
# 최후의 심판에 관하여
## of the Last Jodgment

---

**본 문 1**

**1.** 하나님은 예수 그리스도로 말미암아 의로써 세상을 심판하기 위해 한 날을 정하시고, 모든 권능과 심판을 맡겨 주셨다. 그 날에는 타락한 천사들이 심판을 받을 뿐만 아니라 이 세상에 살던 모든 사람들이 그리스도의 심판대 앞에 나타나 자기들의 생각과 말과 행실의 심판을 받으며 그들의 육신으로 선을 행했든지 악을 행했든지 간에 그들이 행한 일에 따라서 보응을 받을 것이다(행 17:31, 요 5:22,27, 고후 5:10, 전 12:14).

---

**중요한 이해 문제**

1. 하나님은 예수 그리스도로 하여금 천하를 심판할 날을 정하셨다는 것을 어떤 일을 통하여 증거해 주셨습니까?(⇨행 17:31)

   (답)  *믿을만한 증거*

2. 하나님은 누구에게 심판을 맡기셨습니까?(⇨요 5:22,27)

   (답)  *아들(예수 그리스도)*

3. 심판은 누가 먼저 받게 됩니까?(⇨벧후 2:4, 유 6, )

   (답) _범죄한 천사들_

4. 사람들은 그리스도 앞에서 어떤 일들에 대하여 심판을 받게 됩니까?(⇨고후 5:10)

   (답) _선악간에 행한 것_

5. 심판에서 제외되는 일들이 있습니까?(⇨전 12:14)

   (답) _없다(모든 행위와 모든 은밀한 일까지)._

6. 그리스도의 재림 날짜는 누가 압니까?(⇨마 24:36)

   (답) _아버지(하나님)_

## 본 문 2

**2.** 하나님이 이 날을 정하신 목적은 택하신 자의 영원한 구원을 통하여 자신의 영광을 나타내기 위한 것과 악한 자들을 통하여 자신의 영광을 나타내기 위한 것과 악한 자들을 통하여 자기의 의를 나타내시기 위한 것이다. 그 때에 의로운 사람은 영생에 들어가서 주님 앞에서 오는 충만한 기쁨과 쉼을 얻을 것이다. 그러나 하나님을 모르고 그리스도의 복음을 거역하는 악한 사람들은 영원한 고통을 받아 주님 앞에서 처벌을 받고, 그의 권능으로 부터 오는 영원한 멸망에 빠지게 될 것이다(마 25:21, 마 25:41, 살후 1:9, 사 66:24).

**3.** 그리스도께서는 모든 사람들로 하여금 죄를 범하지 않게 하며 역경에 처한 신자들에게 큰 위로를 주기 위해 심판 날이 있다는

것을 우리가 확신하기를 원하셨다. 또 그 날은 모든 사람에게 감추어 두어서 육체적 평안에 안주(安住)하지 않도록 한 것이며 또 언제 오실지 모르므로 항상 깨어 있어서 언제든지 "주 예수여 어서 오시옵소서"라고 할 수 있도록 준비하셨다(벧후 3:11, 눅 21:27, 마 24:36, 계 22:20).

## 중요한 이해 문제

1. 하나님은 심판 날에 누구를 통하여 하나님의 자비와 영광을 드러내십니까?(⇨롬 9:23, 마 25:21)
   (답) _모든 사람_

2. 하나님은 심판 날에 누구를 통하여 하나님의 분노와 정의를 드러내십니까?(⇨롬 9:22, 살후 1:7,8)
   (답) _예수 그리스도_

3. 심판 날에 의로운 사람들은 어떻게 됩니까?(⇨마 25:31~34)
   (답) _영광의 보좌(영생)_

4. 심판 날에 악한 사람들은 어떻게 됩니까?(⇨마 25:41,46)
   (답) _영원한 불(영벌)_

5. 심판 날에 대한 확신은 신자들에게 어떤 영향을 끼칩니까?(⇨벧후 3:11)
   (답) _거룩한 행실과 경건함._

6. 심판 날이 모든 사람에게 감추어져 있는 것은 신자들에게 어떤 영향을 끼쳐 주는지 2가지만 말하십시오?(⇨마 24:42~44)
   (답) _깨어 있게 되고, 예비하게 된다._

| 토의와 적용 | ## 심판 날을 위하여 무엇을 준비해야 합니까?

### 심판의 정의

모든 사람이 최후에 심판을 받게 된다는 것은 인간의 가장 깊은 확신의 하나요. 기독교 신자에 있어서는 신구약 성경이 더욱 더 확신을 뒷바침 하여 주고 있다. 초대 교부들부터 세상의 종말에는 최후의 심판이 있으리라는 것을 확신하였다.

어거스틴은 심판에 대한 성경적 표현은 상징적이라고 가정하였으나 그리스도께서 산자와 죽은 자를 심판하기 위하여 다시 오신다고 확신하였다.

# 제 34 장
# 성령에 관하여
## of The Holy Spirit

### 본 문 1

**1.** 성령은　　　　제3위로서 성부와 성자로부터 나오시고 본체는 같으시며 그 능력과 영광은 동등하시다. 또 성부 성자와 함께 계시며 모든 시대를 통해서 믿음과 사랑과 복종과 예배를 받고 계신다(시 104:30, 요 15:26, 창 1:2, 벧전 4:14).

**2.** 그는 또 생명의 주인이신 동시에 생명을 주시는 분으로서 자연 중에 어디든지 나타나시며 사람 가운데 존재하는 모든 선한 생각과 정결한 소망과 성스러운 계획의 근원이 되신다. 그로 말미암아 모든 선지자들은 감동을 받고서 하나님의 말씀을 말하게 되고 또 그로 말미암아 성경의 모든 저자들도 영감을 받아 하나님의 생각과 뜻을 오류없이 기록할 수가 있었다.

복음의 전파는 특히 그에게 맡기워졌다. 그는 복음을 위한 길도 예비하고 복음을 위한 길에는 그의 설득력 있는 능력도 함께 동반되어지며 인간의 이성과 양심에 복음의 메시지를 강조한다. 그래서 복음의 자비로운 제의를 거절하는 사람들은 변명할 수 없을 뿐만 아니라 거역하는 죄를 또한 범하게 되는 것이다(욥 33:4, 롬 8:5, 벧후 1:20~21, 사 63:10).

## 중요한 이해 문제

1. 성령은 삼위일체 중 몇째 위가 되십니까?(⇨마 3:16~17, 고후 13:13)
   (답) _3위_

2. 성령은 누구로 부터 나옵니까?(⇨요 15:26, 골 4:6?)
   (답) _성자_

3. 그 본체와 능력과 영광이 누구와 동등합니까?(⇨고전 3:16, 창 1;2)
   (답) _성부와 성자_

4. 성령은 우리에게 무엇을 주십니까?(⇨욥 33:4, 롬 8:2)
   (답) _사망의 법에서 해방_

5. 성령은 사람들 가운데서 어떤 일들을 계획하시는지 3가지만 쓰십시오(⇨요 14:26, 고전 12:11)
   (답) _능력 행함, 예언함과 영을 분별함._

6. 성령은 신자들 안에서 어떻게 말하게 하십니까?(⇨창 2:17)
   (답) _하나님의 말씀_

7. 성령은 성경을 어떻게 기록하도록 하셨습니까?(⇨행 1:16, 딤후 3:16)
   (답) _하나님의 감동으로_

8. 복음을 거절하는 일이 왜 변명할 수 없는 범죄가 됩니까?(⇨엡 4:3, 사 63:10)
   (답) _주의 성령을 거절하기에_

## 본 문 2

**3.** 성부께서 그에게 구하는 모든 사람에게 기꺼이 주시려고 하는 성령은 구속을 적용함에 있어서 효력을 발생하게 하시는 유일한 대행자이시다. 그는 사람에게 죄를 깨닫게 하사 그들이 회개하도록 감동하시고 그의 은혜로 그들을 중생시키며 사람들이 믿음으로서 예수 그리스도를 받아 들이도록 설득하시며 또 받아 들이도록 하신다. 또 그는 모든 신자들을 그리스도에게 연합되게 하시며 그들 속에 위로자와 성화시키는 분으로서 존재하시며 그들에게 양자와 기도의 영을 주시며, 이 모든 은혜스러운 직분을 수행하사 구속의 날까지 신자들을 성화시키고 보증하신다(고전 12:3, 시 85:4, 행 7:55, 살후 2:13).

### 중요한 이해 문제

**1.** 하나님께서 성령을 누구에게 주십니까?(⇒눅 11:13)

(답) _하나님 자녀_

**2.** 성령은 무슨 일의 대행자이십니까?(⇒요 3:5, 고전 12:3)

(답) _예수를 증거_

**3.** 성령은 사람에게 무엇을 깨닫도록 하십니까?(⇒시 85:4, 행 11:8)

(답) _죄_

4. 성령이 사람을 감동시킨 까닭은 무엇입니까? (⇒요 16:8~9)

   (답) _죄, 의, 심판, 세상을 책망하기에_

5. 성령은 무엇으로 사람을 중생토록 하십니까? (⇒요 3:3~7, 딛 3:5~6)

   (답) _예수 그리스도의 은혜_

6. 성령은 사람들이 누구를 받아 들이도록 설득하십니까? (⇒고전 12:3, 2:4~5)

   (답) _예수 그리스도_

7. 성령은 사람들에게 무슨 영을 주셨습니까? (⇒롬 8:26~27)

   (답) _간구하시는 영_

8. 성령은 우리에게 무엇을 보증해 주십니까? (⇒고전 6:11, 살후 2:13)

   (답) _거룩함과 의롭다 하심_

## 본문 3

**4.** 성령께서 그 속에 거하심으로 교회의 머리가 되시는 그리스도에게 진실로 연합되어지는 모든 신자들은 이리하여 그리스도의 몸되신 교회안에서 서로서로 연합되어진다. 또 성령께서는 자신의 거룩한 사역을 위해서 사역자들을 부르시고 기름을 부으시며 교회 내의 다른 모든 직분자들에게 그들의 특별한 임무를 위해 자격을 부여하시며 또 교회의 구성원들에게 은사와 은혜를 나누어 주신다. 또 그는 하나님의 말씀과 복음의 규례들에도 효력을 주신다. 그에

의해서 교회는 보존되어지며 땅끝까지 이르러 증가되며, 정화되어져서 마침내는 하나님의 존전에 완전히 거룩하게 되어질 것이다(골 1:18, 출 28:3, 고전 12:4~11, 엡 5:26~27).

## 중요한 이해 문제

1. 성령은 어떻게 신자들이 서로 연합되도록 합니까?(⇒엡 5:23, 골 1:8)
   (답) _성령 안에서_

2. 성령이 무엇을 위하여 사역자들을 부르십니까?(⇒출 28:3, 행 20:28)
   (답) _자기 양떼(거룩한 사역)를 치기 위해_

3. 성령은 어떻게 교회 안에서 직분자들에게 자격을 부여하십니까? (⇒행 13:2, 고전 12:28)
   (답) _따로 세움(특별한 임무)._

4. 교회는 어떻게 보존되어지고 번창해집니까?(⇒행 1:8, 9:31)
   (답) _주를 경외함과 성령의 위로_

5. 성령은 마침내 교회를 어떻게 세우십니까?(⇒엡 5:26~27)
   (답) _하나님 앞에 영광스럽게, 흠이 없이 세움._

### 토의와 적용

**성령의 역사에 대한 체험을 서로 나누어 봅시다**

본 장의 절들은 성령론에 관한 교리를 규칙적으로 질서있게 전개 하였다. 1절에는 하나님께로 돌이키시며 모든 합리적 창조물들에 역사하는 성령의 본질을 다루고 있다.

2절은 우주와 특성과 계시와 복음의 전파에 역사하는 성령의 사역을 다루고 있다. 3절은 구속과 사죄에 대한 성령의 역할을 다루고 있으며, 마지막 절은 교회의 계발과 행정에서의 성령의 사역을 다루고 있다.

# 제 35 장
# 하나님 사랑과 선고에 관하여
## of The God's Love and Mission

### 본 문 1

**1.** 하나님은 무한하고 완전하신 사랑으로 은혜 계약 안에서 예수 그리스도의 중보와 희생을 통해 생명과 구원의 길을 주시는데 이 길은 모든 멸망할 인류에게 다 적용되며 충분한 것이다. 또 하나님께서는 이 구원의 복음안에 거하는 모든 사람에게 거저 주신다 (마 5:44~45, 히 7:22,25, 행 2:39, 딤전 2:6).

**2.** 복음 안에서 하나님께서는 이 세상에 대한 그의 사랑과 모든 사람이 구원을 받아야 한다는 그의 소망을 선언하셨다. 또 구원에 이르는 유일한 길을 완전히 그리고 충분히 나타내셨다. 또 그는 진실로 회개하며 그리스도를 믿는 모든 사람에게 영생을 약속하고 모든 사람들에게 주어진 자비를 받아들일 것을 권유하시고 또 명령하신다. 또 말씀과 함께 동반하시는 그의 성령께서는 모든 사람에게 그의 은혜로운 권유를 받아들이도록 강권하신다(요 6:39~40, 요일 5:13, 겔 33:11, 고전 2:4).

## 제35장 하나님의 사랑과 선교에 관하여

### 중요한 이해 문제

1. 하나님은 무엇을 통하여 생명과 구원을 주십니까? (➡창 3:5, 마 20:28)

   (답) _그리스도의 십자가의 희생_

2. 하나님은 생명과 구원을 누구에게 주십니까 (➡고후 5:14~15, 요일 2:2)

   (답) _구원의 복음 안에 거하는 자_

3. 하나님께서는 구원의 길을 어떻게 나타내셨습니까? (➡요 14:6, 히 10:20)

   (답) _모든 사람이 예수를 믿기만 하면 구원받음._

4. 하나님은 누구에게 영생을 약속하셨습까? (➡요 5:21, 요일 5:13)

   (답) _그리스도를 믿는 모든 사람_

5. 하나님은 모든 사람에게 무엇을 권유하십니까? (➡겔 33:11, 막 1:15)

   (답) _회개하고 복음을 믿을 것을_

6. 모든 사람 안에서 우리를 강권하신 분은 누구십니까? (➡요 15:, 고전 2:4)

   (답) _성령님_

## 본 문 2

**3.** 그의 자비로운 공급을 즉시 받아들이는 것이 복음을 듣는 모든 사람의 의무요 특전이다. 그리고 회개하지 않고 불신앙을 계속하는 사람들은 가중된 죄를 더 범하게 되고 자신의 잘못으로 인해 멸망하게 된다(눅 14:16~24, 요 8:24).

**4.** 복음에 나타나 있는 길을 제외하고 구원에 이르는 길은 없고 또 거룩하게 확립되고 정상적인 은혜의 방법으로 하나님의 말씀을 들음으로써 믿음이 생기기 때문에 그리스도께서는 그의 교회에게 온 세상에 나아가 모든 족속으로 제자를 삼을 것을 위임하셨다. 그러므로 모든 신자들은 이미 세운 신앙의 의식들을 유지할 의무와 또 기도, 은사, 개인의 노력에 의해 땅 끝까지 이르러 그리스도의 나라를 확장 시키는데 공헌해야 할 의무를 가진다(딤전 2:5, 고전 1:21, 막 16:15, 고전 9:16).

### 중요한 이해 문제

**1.** 복음을 듣는 사람들은 어떤 의무와 특전을 가졌습니까?(⇒마 22:1~14, 눅 14:16~24)

(답) _즉시 받아들이는 것_

**2.** 불신자는 누구의 잘못으로 멸망하게 됩니까?(⇒마 11:20~24, 히 2:2~3)

(답) _자신의 잘못_

**3.** 복음의 길 이외에 다른 구원의 길이 또 있습니까?(⇒행 4:12, 딤전 2:5)

(답) _없다._

## 제35장 하나님의 사랑과 선교에 관하여

**4.** 구원을 받을 수 있는 믿음은 어떻게 생깁니까?(⇒롬 10:17, 고전 1:21)

(답) _예수 그리스도의 말씀을 들음으로써_

**5.** 그리스도께서는 세상에 나아가 제자를 삼도록 누구에게 위임하셨습니까?(⇒마 28:19~20, 행 1:8)

(답) _너희(교회)_

**6.** 모든 신자는 어떤 의무를 가지고 있습니까?(⇒고전 9:16, 벧전 4:10)

(답) _은사 받은 대로 봉사_

**7.** 나에게 주어진 은사가 하나님 나라(교회)에 얼마나 영향을 미치는지 서로 토의하십시오.

---

### 참고

#### 해설

첫절에서는 모든 인간을 구원 역사의 바탕과 사실에 대한 복음의 위치를 다루고 있다. 이 바탕은 인간의 잃어버린 행로를 위한 그리스도의 사역의 적합함과 충분함을 말한다. 이 일반적 직무는 영원한 부르심으로 알리워지고 있다. 2절은 영원한 부르심의 내용을 다룬다. 3절은 복종하지 않는 자에게 미치는 화를 가르치고 있다. 마지막 절은 지상에 그리스도의 나라가 세워지도록 모든 믿는 자들이 하여야 할 일을 다루고 있다.

#### 선언문

교회정치에 규정된 대로 교역자와 치리장로와 집사들의 안수시에 하는 서약은 신앙고백을 받아드리고 적용하는 것을 요구한다. 그것은 다만 성경에서 가르치는 교리의 체계를 포함한 것으로서 받아 드린다.

그럼에도 불구하고 신앙고백 안에 있는 표현에서 얻은 어떤 추론에 대하여 교회가 부인할 뜻을 정식으로 표현하였으며 계시된 진리의 어떤 부분이 현재에는 더 명백하게 표현하는 선언문이 필요하다고 교회가 정식으로 원하고 있으므로 미국 연합장로교회는 다음과 같이 유권적인 선언문을 발표한다.

\* 이상의 선언문은 1903년에 채택된 것이다.

### (합본, 지도자용)
### 웨스트민스터신앙고백서(상)

―신앙학습교재―

■
**편 집** / 교육자료연구원
**발행인** / 김 수 관
**펴낸곳** / 도서출판 영문
122-070 서울시 은평구 역촌동 10-82
☎ (02) 357-8585
FAX • (02) 382-4411
E-mail • kskym49@daum.net

■
1판 1쇄 발행 / 1994년 4월 10일
1판 12쇄 발행 / 2019년 4월 10일

■
출판등록번호 / 제 03-01016호
출판등록일 / 1997. 7. 24

파본은 교환해 드립니다.
본 출판물은 저작권법으로 보호 받는
저작물이므로 출판사나 저자의 허락없이
무단 전재나 무단 복제를 할 수 없습니다.

정가 7,000원
ISBN 89-87697-16-9  03230
Printed in Korea